PETITE BIBLIOTHÈQUE OMBRES

34

MÉMOIRES DE MARGUERITE DE VALOIS

Marguerite de Valois (1553-1615), reine de Navarre, "la reine Margot", était la fille de Henri II et de Catherine de Médicis, la petite-fille de François 1er.

On la confond souvent avec la sœur de ce dernier, Marguerite de Navarre, célèbre auteur de l'*Heptaméron* ou avec Marguerite de France, qui était sa tante.

François II, Charles IX et Henri III, les trois derniers Valois à monter sur le trône de France, étaient ses frères. Le premier des Bourbon, Henri IV, fut son époux, mais leurs chemins s'étaient définitivement séparés avant qu'il n'exerce son métier de roi, même si leur mariage ne fut annulé qu'en 1599.

Sa beauté, son intelligence, son érudition étaient célèbres, sa légèreté de mœurs aussi. Toute sa vie, riche en péritpéties, elle cultiva aussi bien les arts et les lettres que les intrigues politiques et amoureuses mais ce n'est qu'à la toute fin du XVIe siècle, au château d'Usson où, princesse déchue, elle est retenue quasi prisonnière de 1586 à 1605, qu'elle écrit ses *Mémoires*, dont la rédaction s'arrête à l'année 1582, soit que Marguerite ne les ait pas poursuivis, soit, plus probablement, que la suite ne soit pas parvenue jusqu'à nous.

Sous couvert de répondre à Brantôme, qui l'avait dépeint sous un jour flatteur dans un de ses *Discours*, Marguerite nous décrit le royaume de France au temps mouvementé de sa jeunesse, sur une douzaine d'années, en des pages qui constituent un remarquable document, digne de figurer, tant par sa valeur de témoignage que par sa valeur littéraire, parmi les textes importants du XVIe siècle français, aux côtés des écrits de Brantôme ou de Pierre de l'Estoile.

En couverture : Marguerite de Valois
Portrait par François Clouet
Le Puy-en-Velay, musée Crozatier

© Éditions Ombres 50, rue Gambetta, 31000 Toulouse
pour cette édition établie par Sylvie Rozenker.
ISBN 2-905 964-94-4

Mémoires
de
Marguerite de Valois

Édition établie
par Sylvie Rozenker

Éditions Ombres
Toulouse

Les Mémoires de Marguerite de Valois *sont publiés pour la première fois à la fin de l'année 1628 par Auger de Mauléon de Granier. Cette édition est présentée en trois livres qui correspondent aux trois lacunes qui interrompent le texte sans compter l'interruption finale en 1582. Brantôme n'y est pas reconnu comme dédicataire. Un arrêt est aussitôt prononcé contre le texte mais l'œuvre connait un tel succès qu'elle est rééditée clandestinement six fois entre 1628 et 1629, puis régulièrement jusqu'en 1666.*

Au xixᵉ siècle le texte est republié par toutes les grandes collections de Mémoires. L'édition de la Société de l'histoire de France, publiée en 1842 sous la responsabilité de François Guessard, qui restitue le texte d'un seul tenant, devient l'édition de référence.

Au xxᵉ siècle il n'existe que deux éditions : au début du siècle Paul Bonnefon donne les Mémoires accompagnés d'une introduction et de notes (Paris, Bossard, 1920 ; en 1971, Yves Cazaux, le biographe d'Henri IV, republie le texte selon la première édition de 1628 (Paris, Mercure de France, 1971).

Dans la présente édition, élaborée à partir de l'édition Cazaux et de l'édition Bonnefon, le texte est restitué en orthographe moderne. Néanmoins les archaïsmes du style ont été conservés, sauf là où la lecture en aurait été rendue moins fluide.

Je louerais davantage votre œuvre, si elle ne me louait tant, ne voulant qu'on attribue la louange que j'en ferais plutôt à la philaftie (*) qu'à la raison, ni que l'on pense que, comme Thémistocle, j'estime celui dire le mieux qui me loue le plus. C'est un commun vice aux femmes de se plaire aux louanges, bien que non méritées. Je blâme mon sexe en cela, et n'en voudrais tenir cette condition. Je tiens néanmoins à beaucoup de gloire qu'un si honnête homme que vous m'ait voulu peindre d'un si riche pinceau. En ce portrait, l'ornement du tableau surpasse de beaucoup l'excellence de la figure que vous avez voulu attribuer à la personne. Si j'ai eu quelques parties de celle que vous m'attribuez, les ennuis les effaçant de l'extérieur, en ont aussi effacé le souvenir de ma mémoire. De sorte que, me remirant en votre discours, je ferais volontiers comme la vieille Mme de Randan (1) qui, ayant demeuré depuis la mort de son mari sans voir son miroir, rencontrant par fortune son visage dans le miroir d'un autre, demanda qui

---

(*) L'amour de soi.
Les notes numérotées sont renvoyées à la fin du volume.

était celle-là. Et, bien que mes amis qui me voient me veulent persuader du contraire, je tiens leur jugement pour suspect, comme ayant les yeux fascinés de trop d'affection. Je crois que quand vous viendrez à la preuve, vous serez en cela de mon côté, et direz, comme souvent je l'écris, par ces vers de du Bellay, c'est chercher Rome en Rome, et rien de Rome en Rome ne trouver [2].

Mais comme l'on se plaît à lire la destruction de Troie, la grandeur d'Athènes, et de telles puissantes villes, lorsqu'elles florissaient, bien que les vestiges en soient si petits qu'à peine peut-on remarquer où elles ont été, ainsi vous plaisez-vous à décrire l'excellence d'une beauté, bien qu'il n'en reste autre vestige ni témoignage que vos écrits. Si vous l'aviez fait pour représenter le contraste de la nature et de la fortune, plus beau sujet ne pouviez-vous choisir ; les deux y ayant à l'envi éprouvé l'effet de leur puissance. En celui de la nature, en ayant été témoin oculaire, vous n'y avez besoin d'instruction. Mais en celui de la fortune, ne le pouvant décrire que par rapport, (qui est sujet d'être fait par des personnes mal informées ou mal affectionnées, qui ne peuvent représenter le vrai, ou par ignorance ou par malice), j'estime que vous recevrez plaisir d'en avoir les mémoires de qui le peut mieux savoir, et de qui a plus d'intérêt à la vérité de la description de ce sujet. J'y ai aussi été conviée par cinq ou six remarques que j'ai faites en votre discours, où il y a de l'erreur, qui sont lorsque vous parlez de Pau et de mon voyage de France ; quand vous parlez de feu M. le maréchal de

Biron ; quand vous parlez d'Agen, et aussi de la sortie du marquis de Canillac de ce lieu [3].

Je tracerai mes mémoires, à qui je ne donnerai plus glorieux nom, bien qu'ils méritassent celui d'histoire, pour la vérité qui y est contenue nûment, et sans ornement aucun, ne m'en estimant pas capable, et n'en ayant aussi maintenant le loisir. Cette œuvre donc d'une après-dînée ira vers vous comme le petit ours, lourde masse et difforme, pour y recevoir sa formation. C'est un chaos, duquel vous avez déjà tiré la lumière. Il reste l'œuvre de cinq ou six autres journées. C'est une histoire, certes, digne d'être écrite par un cavalier d'honneur, vrai Français, né d'illustre maison, nourri des rois mes père et frères, parent et familier ami des plus galantes et honnêtes femmes de notre temps, de la compagnie desquelles j'ai eu ce bonheur d'être.

La liaison des choses précédentes avec celles des derniers temps me contraint de commencer du temps du roi Charles, et au premier point où je me puisse ressouvenir y avoir eu quelque chose remarquable à ma vie. Comme les géographes nous décrivant la terre, quand ils sont arrivés au dernier terme de leur connaissance, disent : au delà ce ne sont que déserts sablonneux, terres inhabitées et mers non naviguées, de même je dirai n'y avoir au delà que le vague d'une première enfance, où nous vivions plutôt guidés par la nature, à la façon des plantes et des animaux, que comme hommes régis et gouvernés par la raison ; et laisserai à ceux qui m'ont gouvernée en cet âge-là cette superflue recherche, où peut-être, en ces enfantines actions, s'en trouverait-il d'aussi dignes d'être écrites que celles de l'enfance de Thémistocle et d'Alexandre, l'un s'exposant au milieu de la rue devant les pieds des chevaux d'un charretier qui, à sa prière, n'avait pas voulu s'arrêter, l'autre méprisant l'honneur du prix de la course s'il ne le disputait avec des rois ; desquelles pourrait être la repartie que je fis au roi mon père peu de jours avant le misérable coup [4] qui priva la France de repos, et notre maison de bonheur.

[1559]. N'ayant lors qu'environ quatre ou cinq ans [5], et me tenant sur ses genoux pour me faire causer, il me dit que je choisisse celui que je voulais pour mon serviteur, de M. le prince de Joinville [6], qui a depuis été ce grand et infortuné duc de Guise, ou du marquis de Beaupréau [7], fils du prince de La Roche-sur-Yon (en l'esprit duquel la nature, pour avoir fait trop d'effet de son excellence, excita l'envie de la fortune jusqu'à lui être mortelle ennemie, le privant par la mort, en son an quatorzième, des honneurs et couronnes qui étaient justement promises à la vertu et magnanimité qui reluisaient en son esprit), tous deux âgés de six à sept ans, jouant auprès du roi mon père, moi les regardant. Je lui dis que je voulais le marquis. Il me dit : "Pourquoi ? Il n'est pas si beau" (car le prince de Joinville était blond et blanc, et le marquis de Beaupréau avait le teint et les cheveux bruns). Je lui dis : Parce qu'il était plus sage, et que l'autre ne peut durer en patience qu'il ne fasse toujours mal à quelqu'un, et veut toujours être le maître. Augure certain de ce que nous avons vu depuis.

[1561]. Et la résistance aussi que je fis pour conserver ma religion du temps du colloque de Poissy [8], où toute la cour était infectée d'hérésie, par la persuasion impérieuse de plusieurs dames et seigneurs de la cour, et même de mon frère d'Anjou [9], depuis roi de France, de qui l'enfance n'avait pu éviter l'impression de la malheureuse huguenoterie, qui sans cesse me criait de changer de religion, jetant souvent mes livres d'heures dans le feu, et me donnant à la place des psaumes et prières huguenotes, me contraignant les porter ; lesquelles, aussitôt que je les avais, je les remettais à Mme de Curton [10], ma gouvernante, que Dieu m'avait fait grâce de conserver catholique, laquelle me menait souvent chez le bonhomme M. le cardinal de Tournon [11], qui me conseillait et me fortifiait à souffrir toutes choses pour maintenir ma religion, et me redonnait des livres d'heures et des chapelets à la place de ceux que m'avait brûlés mon frère d'Anjou. Et ses autres particuliers amis, qui avaient entrepris de me perdre, me les retrouvant, animés de courroux m'injuriaient, disant que c'était enfance et sottise qui me le faisait faire ; qu'il paraissait bien que je n'avais point d'entendement ; que tous ceux qui avaient de l'esprit, de quelque âge et sexe qu'ils fussent, entendant prêcher la vérité s'étaient retirés de l'abus de cette bigoterie ; mais que je serais aussi sotte que ma gouvernante. Et mon frère d'Anjou, y ajoutant les menaces, disait que la reine ma mère me ferait fouetter, ce qu'il disait de lui-même, car la reine ma mère ne savait point l'erreur où il était tombé ; et aussitôt qu'elle le sut, elle le tança fort, lui et ses gouverneurs, et les faisant instruire les contraignit de reprendre la vraie, sainte et ancienne religion de nos pères, de laquelle elle ne s'était jamais départie. Je lui répondis à telles menaces, fondant en larmes, car l'âge de sept à huit ans où j'étais lors y est assez tendre, qu'il me fît fouetter, et qu'il me fît tuer s'il voulait ; que je souffrirais tout ce que l'on me saurait faire, plutôt que de me damner.

[1562]. Assez d'autres réponses, assez d'autres marques semblables de jugement et de résolution s'y pourraient-elles trouver : à la recherche desquelles je ne veux peiner, voulant commencer mes mémoires seulement du temps que je pris place dans la suite de la reine ma mère pour n'en bouger plus. Car incontinent après le colloque de Poissy, les guerres commencèrent [12] et nous fûmes, mon petit frère d'Alençon [13] et moi, à cause de notre petitesse, envoyés à Amboise, où toutes les dames de ce pays-là se retirèrent avec nous, même votre tante Mme de Dampierre [14], qui me prit alors en amitié, qu'elle m'a continuée jusqu'à sa mort, et votre cousine Mme la duchesse de Retz [15], qui sut en ce lieu la grâce que la fortune lui avait faite de la délivrer à la bataille de Dreux d'un fâcheux, son premier mari, M. d'Annebaut, qui était indigne de posséder un sujet si divin et si parfait. Je parle ici du principe de l'amitié de votre tante envers moi, non de votre cousine, bien que depuis nous en ayons en une si parfaite, qu'elle dure encore et durera toujours. Mais à cette époque l'âge ancien de votre tante et mon enfantine jeunesse avaient plus de convenance, étant le naturel des vieilles gens d'aimer les petits enfants, et de ceux qui sont en âge parfait comme était lors votre cousine, de mépriser et haïr leur importune simplicité.

[1565]. J'y demeurai jusqu'au commencement du grand voyage, où la reine ma mère me fit revenir à la cour pour ne bouger plus d'auprès d'elle ; duquel toutefois je ne parlerai point, étant lors si jeune que je n'en ai pu conserver la souvenance qu'en gros, les particularités s'étant évanouies de ma mémoire comme un songe. Je laisse à en discourir à ceux qui étant en âge plus mûr, comme vous, se peuvent souvenir des magnificences qui furent faites partout ; même à Bar-le-Duc, au baptême de mon neveu, le prince de Lorraine ; à Lyon, à la venue de M. et Mme de Savoie [16] ; à Bayonne, à l'entrevue de la reine d'Espagne ma sœur [17] et de la reine ma mère, et du roi Charles mon frère — là où je m'assure que vous n'oublierez de représenter le festin superbe de la reine ma mère en l'île [18], avec le ballet, et la forme de la salle qu'il semblait que la nature eût appropriée à cet effet ; ayant cerné dans le milieu de l'île un grand pré en ovale de bois de haute futaie, où la reine ma mère disposa tout à l'entour de grandes niches, et dans chacune une table ronde à douze personnes ; la table de leurs majestés seulement s'élevait au bout de la salle sur un haut dais de quatre marches de gazon. Toutes ces tables servies par troupes de diverses bergères habillées de toile d'or et de satin, diversement selon les habits divers de toutes les provinces de France. Lesquelles bergères, à la descente de magnifiques bateaux (sur lesquels, venant de Bayonne à cette île, l'on fut toujours accompagné de la musique de plusieurs dieux marins, chantant et récitant des vers autour du bateau de leurs majestés) s'étaient trouvé chaque troupe en un pré à part, des deux côtés d'une grande allée de pelouse, dressée pour aller à la susdite salle, chaque troupe dansant à la façon de son pays : les Poitevines avec la cornemuse ; les Provençales la volte avec les cymbales ; les Bourguignonnes et Champenoises avec le petit hautbois, le dessus de violon, et tambourins de village ; les Bretonnes dansant leurs passe-pieds et branles-gais ; et ainsi toutes les autres provinces. Après le service desquelles, le festin fini, l'on vit avec une grande troupe de satyres musiciens, entrer ce grand rocher lumineux, mais plus éclairé des beautés et pierreries des nymphes qui faisaient dessus leur entrée que des artificielles lumières ; lesquelles, descendant, vinrent danser ce beau ballet, duquel la fortune envieuse ne pouvant supporter la gloire, fit orager une si grande pluie et tempête, que la confusion de la retraite qu'il fallut faire la nuit par bateaux, apporta le lendemain autant de bons contes pour rire, que ce magnifique appareil de festin avait apporté de contentement —, et en toutes les superbes entrées qui leur furent faites aux villes principales de ce royaume, duquel ils visitèrent toutes les provinces.

[1569]. Au règne du magnanime roi Charles [19] mon frère, quelques années après le retour du grand voyage, les huguenots ayant recommencé la guerre, le roi et la reine ma mère étant à Paris, un gentilhomme de mon frère d'Anjou, qui depuis a été roi de France, arriva de sa part pour les avertir qu'il avait réduit l'armée des huguenots à telle extrémité, qu'il espérait qu'ils seraient contraints de venir dans peu de jours à la bataille, et qu'il les suppliait avant cela qu'il eut cet honneur de les voir pour leur rendre compte de sa charge, afin que si la fortune, envieuse de la gloire qu'en si jeune âge il avait acquise, voulait en cette désirée journée, après avoir fait un bon service au roi, à sa religion et à cet État, joindre le triomphe de sa victoire à celui de ses funérailles, il partit de ce monde avec moins de regret, les ayant laissés tous deux satisfaits en la charge qu'ils lui avaient fait l'honneur de lui commettre ; de quoi il s'estimerait plus glorieux que de deux trophées qu'il avait acquis par ses deux premières victoires [20]. Si ces paroles touchèrent au cœur d'une si bonne mère, qui ne vivait que pour ses enfants, abandonnant à toute heure sa vie pour conserver la leur et leur État, et qui surtout chérissait celui-là, vous le pouvez juger.

Elle se résolut aussitôt de partir avec le roi, le menant avec elle, et la petite troupe des femmes accoutumée, Mme de Retz, Mme de Sauves [21] et moi. Étant portée des ailes du désir et de l'affection maternelle, elle fit le chemin de Paris à Tours en trois jours et demi ; qui ne fut sans incommodité, et beaucoup d'accidents dignes de risée, car en faisait partie le pauvre M. le cardinal de Bourbon [22], qui ne l'abandonnait jamais, qui toutefois n'était de taille, d'humeur ni de constitution physique pour de telles corvées.

Arrivant au Plessis-lez-Tours, mon frère d'Anjou s'y trouva avec les principaux chefs de son armée, qui étaient la fleur des princes et seigneurs de France, en la présence desquels il fit une harangue au roi, pour lui rendre compte de tout le maniement de sa charge depuis qu'il était parti de la cour, faite avec tant d'art et d'éloquence, et dite avec tant de grâce, qu'il se fit admirer de tous les assistants ; et d'autant plus que sa grande jeunesse relevait et faisait davantage paraître la prudence de ses paroles, plus convenables à une barbe grise et à un vieux capitaine, qu'à une adolescence de seize ans, à laquelle les lauriers de deux batailles gagnées ceignaient déjà le front ; et la beauté, qui rend toutes actions agréables, florissait tellement en lui, qu'il semblait quelle fut en rivalité avec sa bonne fortune pour savoir laquelle des deux le rendait plus glorieux. Ce qu'en ressentait ma mère, qui l'aimait exclusivement, ne se peut représenter par paroles, non plus que le deuil du père d'Iphigénie ; et de toute autre qu'elle, de l'âme de laquelle la prudence de désempara jamais, l'on eut aisément connu le transport qu'une si excessive joie lui causait. Mais elle, modérant ses actions comme elle voulait, montra ouvertement que le sage ne fait rien qu'il ne veuille faire ; sans s'amuser à publier sa joie, et pousser les louanges dehors qu'une action si belle d'un fils si parfait et chéri méritait, elle prit seulement les points de sa harangue qui concernait les faits de la guerre, pour en faire délibérer les princes et seigneurs là présents, prendre une bonne résolution, et pourvoir aux choses nécessaires pour la continuation de cette guerre. À la disposition de quoi il fut nécessaire de passer quelques jours en ce lieu ; un desquels, la reine ma mère se promenant dans le parc avec quelques princes, mon frère d'Anjou me pria que nous nous promenassions en une allée à part, où étant il me parla ainsi : Ma sœur, la nourriture que nous avons prise ensemble nous oblige moins à nous aimer que la proximité. Aussi avez-vous pu connaître qu'entre tous ceux que nous sommes de frères, j'ai toujours eu plus d'inclination de vous vouloir du bien qu'à tout autre ; et j'ai reconnu aussi que votre naturel vous portait à me rendre même amitié. Nous avons été jusqu'ici naturellement guidés à cela sans aucun dessein, et sans que telle union nous apportât aucune utilité que le seul plaisir que nous avions de converser ensemble. Cela a été bon pour notre enfance ; mais à cette heure il n'est plus temps de vivre en enfance. Vous voyez les belles et grandes charges où Dieu m'a appelé, et où la reine notre bonne mère m'a élevé. Vous devez croire que, comme vous êtes la chose du monde que j'aime et chéris le plus, je n'aurai jamais grandeurs ni biens à quoi vous ne participiez. Je vous reconnais assez d'esprit et de jugement pour me pouvoir beaucoup servir auprès de la reine ma mère, pour me maintenir en la fortune où je suis. Or mon principal appui est d'être conservé en sa bonne grâce. Je crains que l'absence n'y nuise ; et toutefois la guerre et la charge que j'ai me contraignent d'en être presque toujours éloigné. Cependant le roi mon frère est toujours auprès d'elle, la flatte, et lui complaît en tout. Je crains qu'à la longue cela ne m'apporte préjudice, et que le roi mon frère devenant grand, étant courageux comme il est, ne s'amuse toujours à la chasse, mais devenant ambitieux, veuille changer celle des bêtes contre celle des hommes, m'ôtant la charge de lieutenant du roi qu'il m'a donnée pour aller lui-même aux armées ; ce qui me serait une ruine et déplaisir si

19

grand, qu'avant que de recevoir une telle chute, j'élirais plutôt une cruelle mort. En cette appréhension, songeant aux moyens d'y remédier, je trouve qu'il m'est nécessaire d'avoir quelques personnes très fidèles qui tiennent mon parti auprès de la reine ma mère. Je n'en connais point de si propre que vous, que je tiens comme un second moi-même. Vous avez toutes les parties qui s'y peuvent désirer, l'esprit, le jugement, et la fidélité. Pourvu que vous me vouliez tant obliger que d'y apporter de la sujétion, (vous forçant d'être toujours à son lever, à son cabinet et à son coucher, et bref tout le jour) cela la conviera de se communiquer à vous ; d'autant plus que je lui témoignerai de votre capacité, et de la consolation et service qu'elle en recevra, et la supplierai de ne plus vivre avec vous comme un enfant, mais de s'en servir en mon absence comme de moi. Ce que je m'assure qu'elle fera. Perdez cette timidité ; parlez-lui avec assurance comme vous le faites avec moi, et croyez qu'elle en aura du plaisir. Ce vous sera une grande chance et un grand bonheur d'être aimée d'elle. Vous ferez beaucoup pour vous et pour moi ; et moi je vous serai redevable, après Dieu, de la conservation de ma bonne fortune ».

Ce langage me fut fort nouveau, pour avoir jusqu'alors vécu sans dessein, ne pensant qu'à danser ou aller à la chasse, n'ayant même la curiosité de m'habiller ni de paraître belle, pour n'être encore en l'âge de telle ambition, et avoir été nourrie avec telle contrainte auprès de la reine ma mère, que non seulement je n'osais lui parler, mais quand elle me regardait j'étais transie, de peur d'avoir fait chose qui lui déplut. Peu s'en fallut que je ne lui répondisse comme Moïse à Dieu, en la vision du buisson : « Que suis-je moi ? Envoie celui que tu dois envoyer » [23]. Toutefois trouvant en moi ce que je ne pensais qui y fût, des puissances excitées par l'objet de ses paroles, qui auparavant m'étaient inconnues, bien que née avec assez de courage, revenue de ce premier étonnement, ces paroles me plurent, et il me sembla à l'instant que j'étais transformée, et que j'étais devenue quelque chose de plus que je n'avais été jusqu'alors. Tellement que je commençai à prendre confiance en moi-même, et lui dis : « Mon frère, si Dieu me donne la capacité et la hardiesse de parler à la reine ma mère, comme j'ai la volonté de vous servir en ce que vous désirez de moi, ne doutez point que vous n'en retiriez l'utilité et le contentement que vous vous en êtes proposé. Pour la sujétion, je la lui rendrai telle, que vous connaîtrez que je préfère votre bien à tous les plaisirs du monde. Vous avez raison d'être sûre de moi ; car rien au monde ne vous honore et aime tant que moi. Faites état que moi étant auprès de la reine ma mère, vous y serez vous-même, et que je n'y serai que pour vous. »

Je proférai ces paroles trop mieux du cœur que de la bouche, ainsi que les effets en témoignèrent ; car étant partis de là, la reine ma mère m'appela à son cabinet, et me dit : « Votre frère m'a dit les discours que vous aviez eus ensemble : il ne vous tient plus pour une enfant ; aussi ne le veux-je plus faire. Ce me sera un grand plaisir de vous parler comme à votre frère. Rendez-vous sujette auprès de moi, et ne craignez point de me parler librement, car je le veux ainsi. » Ces paroles firent ressentir à mon âme ce qu'elle n'avait jamais ressenti, un contentement si démesuré, qu'il semblait que tous les plaisirs que j'avais eus jusqu'alors n'étaient que l'ombre de ce bien, regardant au passé d'un œil dédaigneux les exercices de mon enfance, la danse, la chasse, et les compagnies de mon âge, les méprisant comme des choses trop folles et trop vaines. J'obéis à cet agréable commandement, ne manquant un seul jour d'être des premières à son lever, et des dernières à son coucher. Elle me faisait cet honneur de me parler quelquefois deux ou trois heures, et Dieu me faisait cette grâce qu'elle restait si satisfaite de moi qu'elle ne s'en pouvait assez louer à ses femmes. Je lui parlais toujours de mon frère, et lui, était tenu averti de tout ce qui se passait avec tant de fidélité et que je ne respirais autre chose que sa volonté.

Je fus en cette heureuse condition quelque temps auprès de la reine ma mère, durant lequel la bataille de Moncontour eut lieu [24] ; avec la nouvelle de laquelle mon frère d'Anjou, qui ne tendait qu'à être toujours près de la reine ma mère, lui fit savoir qu'il s'en allait assiéger Saint-Jean-d'Angely [25], et que la présence du roi et d'elle serait nécessaire en ce siège-là. Elle, plus désireuse que lui de le voir, se résout aussitôt de partir, ne menant avec elle que la troupe ordinaire, de laquelle j'étais, et j'y allai d'une joie extrêmement grande, sans prévoir le malheur que la fortune m'y avait préparé. Trop jeune que j'étais, et sans expérience, cette prospérité ne m'était pas suspecte ; et pensant le bien duquel je jouissais permanent, sans me douter d'aucun changement, j'en faisais état assuré ; mais l'envieuse fortune, qui ne put supporter la durée d'une si heureuse condition, me préparait autant d'ennui à cette arrivée que je m'y promettais de plaisir, par la fidélité avec laquelle je pensais avoir obligé mon frère.

Mais depuis qu'il était parti, il avait proche de lui Le Guast [26], duquel il était tellement possédé qu'il ne voyait que par ses yeux, et ne parlait que par sa bouche. Ce mauvais homme, né pour faire le mal, soudain fascina son esprit et le remplit de mille tyranniques maximes : qu'il ne fallait aimer ni se fier qu'à soi-même ; qu'il ne fallait joindre personne à sa fortune, pas même ni frère ni sœur, et autres tels beaux préceptes machiavélistes ; lesquels il imprima en son esprit, et décida de les pratiquer. Sitôt que nous fûmes arrivés, après les premières salutations, ma mère se mit à se louer de moi, et lui dire combien fidèlement je l'avais servi auprès d'elle. Il lui répondit froidement qu'il était bien aise qu'il lui eût bien réussi, l'en ayant suppliée ; mais que la prudence ne permettait pas que l'on se pût servir de même expédients en tous temps et que ce qui était nécessaire à une certaine heure pourrait être nuisible à une autre. Elle lui demanda pourquoi il disait cela ; sur ce, lui, voyant l'occasion de l'invention qu'il avait fabriquée pour me ruiner, lui dit que je devenais belle, et que M. de Guise me voulait rechercher [27], et que ses oncles aspiraient à me le faire épouser ; que si je venais à y avoir de l'affection, il serait à craindre que je lui découvrisse tout ce qu'elle me dirait ; qu'elle savait l'ambition de cette maison-là, et combien elle avait toujours traversé la nôtre ; à cause de cela, il serait bon qu'elle ne me parlât plus d'affaires, et que peu à peu elle se retirât de se familiariser avec moi.

Dès le soir même, je reconnus le changement que ce pernicieux conseil avait fait en elle ; et voyant qu'elle craignait de me parler devant mon frère, m'ayant commandé trois ou quatre fois, cependant qu'elle lui parlait, de m'aller coucher, j'attendis qu'il fût sorti de sa chambre puis, m'approchant d'elle, je la suppliai de me dire si, par ignorance, j'avais été si malheureuse d'avoir fait chose qui lui eut déplu. Au commencement elle me le voulut dissimuler ; enfin elle me dit : « Ma fille, votre frère est sage ; il ne faut pas que vous lui en sachiez mauvais gré ; ce que je vais vous dire ne tend qu'à bien. » Et elle me fit tout ce discours, me commandant que je ne lui parlasse plus devant mon frère. Ces paroles me furent autant de pointes dans le cœur que les premières, lorsqu'elle me reçut en sa bonne grâce, m'avait été de joie. Je n'omis rien à lui représenter de mon innocence ; que c'était chose de quoi je n'avais jamais ouï parler ; et quand il aurait ce dessein, il ne m'en parlerait jamais que je ne l'en avertisse aussitôt ; mais je n'avançai en rien ; car l'impression des paroles de mon frère lui avait tellement occupé l'esprit, qu'il n'y avait plus lieu pour aucune raison ni vérité. Voyant cela, je lui dis que je ressentais moins le mal de la perte de mon bonheur que je n'avais senti le bien de son acquisition ; que mon frère me l'ôtait comme il me l'avait donné (car il me l'avait fait avoir sans mérite, me louant alors que je n'en étais pas digne) et qu'il m'en privait aussi sans l'avoir démérité, sur un sujet imaginaire qui n'avait nulle existence qu'en la fantaisie ; que je la sup-

pliais de croire que je conserverais immortelle la souvenance de tout ce que mon frère me faisait. Elle s'en
courrouça, me commandant de ne lui en montrer nulle
apparence.

[1570]. Depuis ce jour-là, elle alla toujours me diminuant sa faveur, faisant de son fils son idole, le voulant
contenter en cela et en tout ce qu'il désirait d'elle. Cet
ennui me pressant le cœur et possédant toutes les facul-
tés de mon âme, rendant mon corps plus propre à recevoir la contagion du mauvais air qui était lors en
l'armée, je tombai à quelques jours de là extrêmement
malade d'une grande fièvre continue et du pourpre (*),
maladie qui courait lors, et qui avait en même temps
emporté les deux premiers médecins du roi et de la
reine, Chappelain et Castelan, comme si elle voulait s'en
prendre aux bergers, pour avoir meilleur marché du
troupeau. Aussi en échappa-t-il fort peu de ceux qui en
furent atteints. Moi étant en cette extrémité, la reine ma
mère, qui savait une partie de la cause, n'omettait rien
pour me faire secourir, prenant la peine, sans craindre
le danger, d'y venir à toute heure ; ce qui soulageait
bien mon mal, mais la dissimulation de mon frère l'aug-
mentait bien autant, qui, après m'avoir fait une si grande
trahison et rendu une si grande ingratitude, ne bougeait
jour et nuit du chevet de mon lit, me servant aussi obli-
geamment que si nous eussions été au temps de notre
plus grande amitié. Moi, qui avais par commandement
la bouche fermée, ne répondais que par soupirs à son

_____

(*) Maladie caractérisée par des taches rouges sur la peau.

hypocrisie, comme Burrhus fit à Néron, lequel mourut par le poison que ce tyran lui avait fait donner, lui témoignant assez que la cause de mon mal était la contagion des mauvais offices, et non celle de l'air infecté. Dieu eut pitié de moi, et me garantit de ce danger ; et après quinze jours passés, l'armée partant, l'on m'emporta dans des brancards, où tous les soirs, arrivant à la couchée, je trouvais le roi Charles, qui prenait la peine, avec tous les honnêtes gens de la cour, de porter ma litière jusqu'au chevet de mon lit.

En cet état, je vins de Saint-Jean-d'Angely à Angers, malade du corps, mais beaucoup plus malade de l'âme, où pour mon malheur je trouvai arrivés M. de Guise et ses oncles ; ce qui réjouit autant mon frère, pour donner couleur à son artifice, qu'il me donna appréhension d'accroître ma peine. Lors mon frère, pour mieux conduire sa trame, venait tous les jours à ma chambre, y menant M. de Guise, qu'il feignait d'aimer fort. Et pour le lui faire penser, souvent en l'embrassant lui disait : « Plût à Dieu que tu fusses mon frère ! » À quoi M. de Guise montrait ne point entendre ; mais moi, qui savais la malice, perdais patience de n'oser lui reprocher sa dissimulation.

[1571]. À cette époque, il se parla pour moi du mariage avec le roi du Portugal [28], qui envoya des ambassadeurs pour me demander. La reine ma mère me commanda de me parer pour les recevoir, ce que je fis. Mais mon frère lui ayant fait accroire que je ne voulais point de ce mariage, elle m'en parla le soir m'en demandant ma volonté, pensant bien en cela trouver un sujet pour se courroucer de moi. Je lui dis que ma volonté n'avait jamais dépendu que de la sienne ; que tout ce qui lui serait agréable me le serait aussi. Elle me dit en colère, comme on l'y avait disposée, que ce que je disais, je ne l'avais point dans le cœur, et qu'elle savait bien que le cardinal de Lorraine m'avait persuadée de vouloir plutôt son neveu. Je la suppliai de venir à l'exécution du mariage du roi du Portugal, lors elle verrait mon obéissance. Tous les jours on lui disait quelque chose de nouveau sur ce sujet, pour l'aigrir contre moi et me tourmenter : inventions de la boutique de Le Guast. De sorte que je n'avais un jour de repos ; car, d'un côté, le roi d'Espagne empêchait que mon mariage ne se fît, et de l'autre, M. de Guise, étant à la cour, servait toujours de prétexte pour fournir de sujet à me faire persécuter, bien que lui, ni nul de ses parents, m'en eût jamais parlé, et qu'il y eût plus d'un an qu'il eût commencé la recherche de la princesse de Porcian [29]. Mais parce que ce mariage-là traînait, on en rejetait toujours la cause sur ce qu'il aspirait au mien. Ce que voyant, je m'avisai d'écrire à ma sœur Mme de Lorraine [30], qui pouvait tout en cette maison-là, pour la prier de faire que M. de Guise s'en allât de la cour, et qu'il épousât promptement la princesse de Porcian sa maîtresse, lui représentant que cette invention avait été faite autant pour la ruine de M. de Guise et de toute sa maison, que pour la mienne. Ce qu'elle reconnut très bien, et vint bientôt à la cour, où elle fit faire le dit mariage, me délivrant par ce moyen de cette calomnie, et faisant connaître à la reine ma mère la vérité de ce que je lui avais toujours dit ; ce qui ferma la bouche à tous mes ennemis et me donna repos. Cependant le roi d'Espagne, qui ne veut que les siens s'allient hors de sa maison, rompit tout le mariage du roi du Portugal ; et il ne s'en parla plus.

[1572]. Quelques jours après il se parla du mariage du prince de Navarre (31), qui maintenant est notre brave et magnanime roi, et de moi. La reine ma mère, étant un jour à table, en parla fort longtemps avec M. de Méru (32), parce que la maison de Montmorency étaient ceux qui en avaient porté les premières paroles. Sortant de table, il me dit qu'elle lui avait dit de m'en parler. Je lui dis que c'était chose superflue, n'ayant volonté que la sienne ; qu'à la vérité, je la supplierais d'avoir égard combien j'étais catholique, et qu'il me fâcherait fort d'épouser une personne qui ne fut de ma religion. Après, la reine, allant en son cabinet, m'appela et me dit que MM. de Montmorency lui avaient proposé ce mariage, et qu'elle en voulait bien savoir ma volonté. Je lui répondis n'avoir ni volonté ni élection que la sienne mais que je la suppliais de se souvenir que j'étais fort catholique. Au bout de quelque temps, les propos s'en continuant toujours, la reine de Navarre, sa mère (33), vint à la cour, où on se mit d'accord sur le mariage avant sa mort, à laquelle il se passa un trait si plaisant qu'il mérite non d'être mis en l'histoire, mais de ne le passer sous silence entre vous et moi.

Mme de Nevers (34), de qui vous connaissez l'humeur, étant venue avec M. le cardinal de Bourbon, Mme de Guise, Mme la princesse de Condé, ses sœurs, et moi, au logis de la feue reine de Navarre à Paris, pour nous acquitter du dernier devoir dû à sa dignité et à la parenté que nous lui avions, non avec les pompes et cérémonies de notre religion, mais avec le petit appareil que permettait la huguenoterie, à savoir, elle dans son lit ordinaire, les rideaux ouverts, sans luminaire, sans prêtres, sans croix et sans eau bénite ; et nous, nous tenant à cinq ou six pas de son lit avec le reste de la compagnie, la regardant seulement. Mme de Nevers, qu'en son vivant elle avait haïe plus que toutes les personnes du monde, et elle lui ayant bien rendu et de volonté et de parole, comme vous savez qu'elle en savait bien user avec ceux qu'elle haïssait, part de notre troupe, et avec plusieurs belles, humbles et grandes révérences, s'approche de son lit, et lui prenant la main la lui baise ; puis avec une grande révérence pleine de respect, se met auprès de nous. Nous, qui savions leur haine, estimant cela [*]…

Quelques mois après, ledit prince de Navarre, qui lors s'appelait roi de Navarre, portant le deuil de la reine sa mère, y vint accompagné de huit cents gentils-hommes tous en deuil, et fut reçu du roi et de toute la cour avec beaucoup d'honneur ; et nos noces se firent peu de jours après [35] avec autant de triomphe et de magnificence que de nul autre de ma qualité ; le roi de Navarre et sa troupe y ayant laissé et changé le deuil en habits très riches et beaux, et toute la cour parée comme vous savez, et le saurez trop mieux représenter ; moi habillé à la royale avec la couronne et couet [**] d'hermine mou-

---

(*) Ici, comme un peu plus loin l'édition originale des mémoires présente une lacune dans le texte.
(**) Petite queue.

chetée, qui se met au devant du corps, toute brillante des pierreries de la couronne, et le grand manteau bleu à quatre aunes de queue portée par trois princesses ; les échafaudages dressés à la coutume des noces des filles de France, depuis l'évêché jusqu'à Notre-Dame, tendus et parés de draps d'or ; le peuple s'étouffant en bas à regarder passer sur cet échafaudage les noces et toute la cour, nous vînmes à la porte de l'église, où M. le cardinal de Bourbon, qui faisait l'office de ce jour-là, nous ayant reçu pour dire les paroles accoutumées en tel cas, nous passâmes sur le même échafaudage jusqu'à la tribune qui sépare la nef d'avec le chœur, où il se trouva deux marches, l'une pour descendre au dit chœur, l'autre pour sortir par la nef hors de l'église. Le roi de Navarre s'en allant par celui de la nef hors de l'église, nous (*)...

La fortune, qui ne laisse jamais une félicité entière aux humains, changea bientôt cet heureux état de noces et de triomphe en un tout contraire, par cette blessure de l'amiral de Coligny [36], qui offensa tellement tous ceux de la religion que cela les mit comme en un désespoir. De sorte que l'aîné Pardaillan [37] et quelques autres des chefs des huguenots en parlèrent si haut à la reine ma mère, qu'ils lui firent penser qu'ils avaient quelque mauvaise intention. Par l'avis de M. de Guise et de mon frère le roi de Pologne, qui depuis a été roi de France, il fut pris résolution de les devancer ; le roi Charles ne fut nullement de cet avis, lequel affectionnait fort M. l'amiral de Coligny, M. de la Rochefoucauld [38],

---

(*) Nouvelle lacune.

Téligny [39], La Noue [40], et quelques autres des chefs de la religion, desquels il se pensait servir en Flandre. Et, à ce que je lui ai depuis ouï dire à lui-même, il y eut beaucoup de peine à l'y faire consentir ; et si on ne lui avait fait entendre qu'il y allait de sa vie et de son État, il ne l'eût jamais fait. Et ayant su l'attentat que Maurevert avait fait à M. l'amiral du coup de pistolet qu'il lui avait tiré par une fenêtre, d'où le pensant tuer il resta seulement blessé à l'épaule, le roi Charles se doutant bien que ledit Maurevert avait fait ce coup sur le conseil de M. de Guise, pour venger la mort de feu M. de Guise, son père, que ledit amiral avait fait tuer de la même façon par Poltrot [41], il en fut en si grande colère contre M. de Guise, qu'il jura qu'il en ferait justice. Et si M. de Guise ne se fût tenu caché tout ce jour-là, le roi l'eût fait prendre. Et la reine ma mère ne se trouva jamais plus empêchée qu'à faire entendre au dit roi Charles que cela avait été fait pour le bien de son État, à cause de ce que j'ai dit ci-dessus de l'affection qu'il avait à M. l'amiral, à La Noue et à Téligny, desquels il goûtait l'esprit et la valeur, étant prince si généreux qu'il ne s'affectionnait qu'à ceux en qui il reconnaissait telles qualités. Et bien qu'ils eussent été très pernicieux à son État, les renards avaient su si bien feindre qu'ils avaient gagné le cœur de ce brave prince, en lui laissant espérer qu'ils se rendraient utiles à l'accroissement de son État, et en lui proposant de belles et glorieuses entreprises en Flandre, seul attrait de cette âme grande et royale. De sorte que, bien que la reine ma mère lui représentât en cet accident que l'assassinat que l'amiral avait fait faire à M. de Guise rendait excusable son fils qui, n'ayant pu avoir justice, en avait voulu prendre lui-même vengeance ; qu'aussi l'assassinat que le dit amiral avait fait de Charry[42], maître de camp de la garde du roi, personne si valeureuse, et qui l'avait si fidèlement assistée durant sa régence et la puérilité du dit roi Charles, le rendait bien digne de tel traitement ; bien que de telles paroles pussent bien faire juger au roi Charles que la vengeance de la mort du dit Charry n'était pas sortie du cœur de la reine ma mère, son âme passionnée de douleur de la perte des personnes qu'il pensait, comme j'ai dit, lui être un jour utiles, offusqua tellement son jugement, qu'il ne put modérer ni changer ce passionné désir d'en faire justice, et commanda toujours qu'on cherchât M. de Guise, que l'on le prît, qu'il ne voulait point qu'un tel acte demeurât impuni.

Enfin comme Pardillan par ses menaces révéla au souper de la reine ma mère la mauvaise intention des huguenots, et que la reine vit que cet accident avait mis les affaires en tels termes que si l'on ne prévenait leur dessein, la nuit même ils attenteraient contre le roi et elle, elle prit résolution de faire ouvertement entendre au dit roi Charles la vérité de tout et le danger où il était, par M. le maréchal de Retz[43], de qui elle savait qu'il le prendrait mieux que de tout autre, comme celui qui lui était plus confident et plus favorisé de lui. Lequel le vint trouver en son cabinet le soir, sur les neuf ou dix heures, et lui dit qu'étant son serviteur très fidèle il ne lui pouvait celer le danger où il était, s'il continuait en la résolution qu'il avait de faire justice de M. de Guise, et qu'il fallait qu'il sût que le coup de l'amiral n'avait point été fait par M. de Guise seul, mais que mon frère le roi de Pologne, depuis roi de France, et la reine ma mère avaient été de la partie ; qu'il savait l'extrême déplaisir que la reine ma mère reçut à l'assassinat de Charry, comme elle en avait très grande raison, ayant lors peu de tels serviteurs qui ne dépendissent que d'elle, toute la France étant divisée, comme il le savait, du temps de son enfance, les catholiques pour M. de Guise, et les huguenots pour le prince de Condé, tendant et les uns et les autres à lui ôter sa couronne, qui ne lui avait été conservée, après Dieu, que par la prudence et vigilance de la reine sa mère, qui en cette extrémité ne s'était trouvée plus fidèlement assistée que du dit Charry ; que dès lors il savait qu'elle avait juré de se venger du dit assassinat ; qu'aussi voyait-il que ledit amiral ne serait jamais que très pernicieux en cet État, et que, quelque apparence qu'il fît de lui avoir de l'affection et de vouloir servir sa majesté en Flandre, il n'avait autre dessein que de troubler la France ; que son dessein à elle n'avait été en cette affaire que d'ôter cette peste de ce royaume, l'amiral seul ; mais que le malheur avait voulu que Maurevert avait failli son coup et que les huguenots en étaient entrés en tel désespoir, que ne s'en prenant pas seulement à M. de Guise, mais à la reine sa mère et au roi de Pologne son frère, ils croyaient aussi que le roi Charles même en fût consentant, et avaient résolu de recourir aux armes la nuit même. De sorte qu'il voyait sa majesté en un très grand danger, que ce fût du côté des catholiques, à cause de M. de Guise, ou des huguenots, pour les raisons susdites.

Le roi Charles, qui était très prudent, et qui avait été toujours très obéissant à la reine ma mère, et prince très catholique, voyant ce qui en était, prit soudain résolution de se joindre à la reine sa mère, et se conformer à sa volonté, et garantir sa personne des huguenots par les catholiques ; non sans toutefois extrême regret de ne pouvoir sauver Téligny, La Noue, et M. de La Rochefoucauld. Et lors allant trouver la reine sa mère, envoya quérir M. de Guise et tous les autres princes et capitaines catholiques, où fut pris résolution de faire, la nuit même, le massacre de la Saint-Barthélemy. Et mettant soudain la main à l'œuvre, toutes les chaînes tendues, le tocsin sonnant, chacun courut sus en son quartier, selon l'ordre donné, tant à l'amiral qu'à tous les huguenots. M. de Guise donna au logis de l'amiral, à la chambre duquel Besme, gentilhomme allemand, étant monté, après l'avoir dagué, le jeta par les fenêtres à son maître M. de Guise.

Pour moi, l'on ne me disait rien de tout ceci. Je voyais tout le monde en action ; les huguenots désespérés de cette blessure ; MM. de Guise craignant qu'on n'en voulut faire justice, et se chuchotant tous à l'oreille. Les huguenots me tenaient suspecte parce que j'étais catholique ; et les catholiques parce que j'avais épousé le roi de Navarre, qui était huguenot. De sorte que personne ne m'en disait rien, jusqu'au soir qu'étant au coucher de la reine ma mère, assise sur un coffre auprès de ma sœur de Lorraine, que je voyais fort triste, la reine ma mère parlant à quelques-uns m'aperçut, et me dit que je m'en allasse coucher. Comme je lui faisais la révérence, ma sœur me prend par le bras et m'arrête, et se prenant fort à pleurer, me dit : « Mon Dieu, ma sœur, n'y allez pas. » Ce qui m'effraya extrêmement. La reine ma mère s'en aperçut, et appelant ma sœur, elle se courrouça fort et lui défendit de me rien dire. Ma sœur lui dit qu'il n'y avait point de motif de m'envoyer sacrifier comme cela, et que sans doute, s'ils découvraient quelque chose, ils se vengeraient sur moi. La reine ma mère répond que s'il plaisait à Dieu, je n'aurais point de mal ; mais quoi que ce fût, il fallait que j'allasse, de peur de leur faire soupçonner quelque chose qui empêchât l'exécution.

Je voyais bien qu'ils se contestaient et n'entendais pas leurs paroles. Elle me commanda encore rudement que je m'en allasse coucher. Ma sœur fondant en larmes me dit bonsoir, sans m'oser dire autre chose ; et moi je m'en allai toute transie, éperdue, sans me pouvoir imaginer ce que j'avais à craindre. Aussitôt que je fus en mon cabinet, je me mis à prier Dieu qu'il lui plût de me prendre en sa protection, et qu'il me gardât, sans savoir de quoi ni de qui. Sur cela le roi mon mari qui s'était mis au lit, me manda que je m'en allasse coucher ; ce que je fis, et trouvai son lit entouré de trente ou quarante huguenots que je ne connaissais point encore, car il y avait fort peu de jours que j'étais mariée. Toute la nuit ils ne firent que parler de l'accident qui était advenu à M. l'amiral, décidant, dès qu'il serait jour, de demander justice de M. de Guise au roi, et que si on ne la leur faisait, ils se la feraient eux-mêmes. Moi j'avais toujours dans le cœur les larmes de ma sœur, et ne pouvais dormir à cause de l'appréhension en quoi elle m'avait mise sans savoir de quoi. La nuit se passa de cette façon sans fermer l'œil. Au point du jour, le roi mon mari dit qu'il voulait aller jouer à la paume, en attendant que le roi Charles soit éveillé, décidé à lui demander justice immédiatement. Il sort de ma chambre, et tous ses gentilshommes aussi. Moi voyant qu'il faisait jour, estimant que le danger que ma sœur m'avait dit fut passé, vaincue par le sommeil, je dis à ma nourrice qu'elle fermât la porte pour pouvoir dormir à mon aise.

Une heure après, comme j'étais le plus endormie, voici un homme frappant des pieds et des mains à la porte, criant : « Navarre ! Navarre ! » Ma nourrice pensant que ce fût le roi mon mari, court vitement à la porte. C'était un gentilhomme nommé M. de Léran [44], qui avait un coup d'épée dans le coude, et un coup de hallebarde dans le bras, et était encore poursuivi de quatre archers, qui entrèrent tous après lui en ma chambre. Lui se voulant protéger se jeta sur mon lit. Moi sentant cet homme qui me tenait, je me jette dans la ruelle, et lui après moi, me tenant toujours au travers du corps. Je ne connaissais point cet homme, et ne savais s'il venait là pour m'offenser, ou si les archers en voulaient à lui ou à moi. Nous criions tous deux et étions aussi effrayés l'un que l'autre. Enfin Dieu voulut que M. de Nançay, capitaine des gardes [45], y vint, qui me trouvant en cet état-là, encore qu'il y eut de la compassion, ne se put tenir de rire ; et se courrouçant fort aux archers de cette indiscrétion, il les fit sortir, et me donna la vie de ce pauvre homme qui me tenait, lequel je fis coucher et panser dans mon cabinet jusqu'à temps qu'il fut tout à fait guéri. Et changeant de chemise, parce qu'il m'avait toute couverte de sang, M. de Nançay me compta ce qui se passait, et m'assura que le roi mon mari était dans la chambre du roi, et qu'il ne lui serait point fait de mal. Me faisant jeter un manteau de nuit sur moi, il m'emmena dans la chambre de ma sœur, Mme de Lorraine, où j'arrivai plus morte que vive, et entrant dans l'antichambre, de laquelle les portes étaient toutes ouvertes, un gentilhomme nommé Bourse, se sauvant des archers qui le poursuivaient, fut percé d'un coup de hallebarde à trois pas de moi. Je tombai de l'autre côté presque évanouie entre les bras de M. de Nançay, et pensais que ce coup nous eût percés tous deux. En étant quelque peu remise, j'entrai en la petite chambre où couchait ma sœur. Comme j'étais là, M. de Miossans, premier gentilhomme du roi mon mari, et Armagnac, son premier valet de chambre [46], m'y vinrent trouver pour me prier de leur sauver la vie. Je m'allai jeter à genoux devant le roi et la reine ma mère pour les leur demander ; ce qu'enfin ils m'accordèrent.

Cinq ou six jours après, ceux qui avaient commencé cette partie, comprenant qu'ils avaient failli à leur principal dessein, n'en voulant point tant aux huguenots qu'aux princes du sang, supportaient mal que le roi mon mari et le prince de Condé fussent demeurés en vie [47]. Et connaissant qu'étant mon mari, que nul ne voudrait attenter contre lui, ils ourdissent une autre trame. Ils vont persuader la reine ma mère qu'il me fallait démarier. En cette résolution étant allée un jour de fête à son lever, que nous devions faire nos pâques, elle me prend à serment de lui dire la vérité, et me demande si le roi mon mari était homme, me disant que si cela n'était, elle aurait moyen de me démarier. Je la suppliai de croire que je ne me connaissais pas en ce qu'elle me demandait (aussi pouvais-je dire alors à la vérité comme cette romaine, à qui son mari se courrouçant de ce qu'elle ne l'avait averti qu'il avait l'haleine mauvaise, lui répondit qu'elle croyait que tous les hommes l'eussent semblable, ne s'étant jamais approchée d'autre homme que de lui) ; mais quoi que ce fût, puisqu'elle m'y avait mise, j'y voulais demeurer ; me doutant bien que si on voulait m'en séparer, c'était pour lui faire un mauvais tour…[*]

[1573]. Nous accompagnâmes le roi de Pologne [48] jusqu'à Blamont, lequel, quelques mois avant que de partir de France, s'essaya par tous moyens de me faire oublier les mauvais offices de son ingratitude, et de remettre notre amitié en la même perfection qu'elle avait été à nos premiers ans, m'y voulant obliger par serment et promesses en me disant adieu. Sa sortie de France, et la maladie du roi Charles, qui commença presque en même temps, éveilla les esprits des deux partis de ce royaume, faisant divers projets sur cet État. Les huguenots ayant à la mort de l'amiral fait obliger, par écrit signé, le roi mon mari et mon frère d'Alençon à la vengeance de cette mort (ayant gagné avant la Saint-Barthélemy mon dit frère sous l'espérance de l'établir en Flandre), les persuadèrent, quand le roi et la reine ma mère reviendraient en France, de se dérober passant en Champagne, pour se joindre à certaines troupes qui les devaient venir prendre là. M. de Miossans, gentilhomme catholique, qui était auprès du roi mon

---

(*) Nouvelle lacune.

mari, lequel m'avait de l'obligation de la vie, ayant avis de cette entreprise, qui était pernicieuse au roi son maître, m'en avertit pour empêcher le mauvais effet qui eût apporté tant de maux à eux et à cet État. Aussitôt j'allai trouver le roi et la reine ma mère, et leur dis que j'avais chose à leur communiquer qui leur importait fort, et que je ne la leur dirais jamais qu'il ne leur plût de me promettre que cela ne porterait aucun préjudice à ceux que je leur nommerais, et qu'ils y remédieraient en faisant semblant de ne rien savoir. Lors je leur dis que mon frère et le roi mon mari s'en devaient le lendemain aller à des troupes de huguenots qui les venaient chercher à cause de l'obligation qu'ils avaient faite à la mort de l'amiral, qui était bien excusable à cause de leur jeunesse ; et que je les suppliais de leur pardonner, et, sans leur en montrer nulle apparence, les empêcher de s'en aller ; ce qu'ils m'accordèrent, et l'affaire fut conduite avec telle prudence, que sans qu'ils pussent savoir d'où leur venait cet empêchement, il n'eurent jamais moyen d'échapper.

Cela étant passé, nous arrivâmes à Saint-Germain, où nous fîmes un grand séjour à cause de la maladie du roi ; durant lequel temps, mon frère d'Alençon employait toutes sortes de recherches et moyens pour se rendre agréable à moi, afin que je lui vouasse amitié, comme j'avais fait au roi Charles. Car jusqu'alors, parce qu'il avait toujours été élevé hors de la cour, nous ne nous étions guère vus, et n'avions pas grande familiarité. Enfin m'y voyant conviée par tant de marques de respect et de soumission et d'affection qu'il me témoignait, je me résolus de l'aimer, et d'embrasser ce qui le concernerait ; mais toutefois avec telle condition, que ce serait sans préjudice de ce que je devais au roi Charles, mon bon frère, que j'honorais sur toutes choses. Il me continua cette bienveillance, me l'ayant témoignée jusqu'à sa fin.

[1574]. Durant ce temps, la maladie du roi Charles augmentant toujours, les huguenots ne cessaient jamais de rechercher des nouveautés prétendant encore de faire partir mon frère le duc d'Alençon et le roi mon mari de la cour, ce qui ne vint à ma connaissance comme la première fois. Mais toutefois Dieu permit que la mèche se découvrit à la reine ma mère, si près de l'exécution, que les troupes des huguenots devaient arriver ce jour-là près de Saint-Germain [49]. Nous fûmes contraints de partir à deux heures après minuit, et mettre le roi Charles dans une litière pour gagner Paris ; la reine ma mère mettant dans son chariot mon frère et le roi mon mari, qui cette fois ne furent pas traités aussi doucement que l'autre ; car le roi s'en alla au bois de Vincennes, d'où il ne leur permit plus de sortir. Et le temps augmentant toujours l'aigreur de ce mal, produisait toujours de nouveaux avis au roi pour accroître la méfiance et le mécontentement qu'il avait d'eux ; en quoi les artifices de ceux qui avaient toujours désiré la ruine de notre maison l'aidaient, que je crois, beaucoup.

Ces méfiances passèrent si avant que MM. les maréchaux de Montmorency et de Cossé [50] en furent retenus prisonniers au bois de Vincennes, et La Mole et le comte de Coconas en pâtirent de leur vie. Les choses en vinrent à tels termes que l'on députa des commissaires de la cour du parlement pour ouïr mon frère et le roi mon mari, lequel n'ayant lors personne de conseil auprès de lui, me commanda de dresser par écrit ce qu'il aurait à répondre, afin que par ce qu'il dirait il ne mit ni lui ni personne en peine. Dieu me fit la grâce de le dresser si bien qu'il en demeura satisfait, et les commissaires étonnés de le voir si bien préparé [51]. Et voyant que, par la mort de La Mole et du comte de Coconas, ils se trouvaient chargés en sorte que l'on craignait pour leur vie, je me résolus (encore que je fusse si bien auprès du roi Charles qu'il n'aimait rien tant que moi), pour leur sauver la vie, de perdre ma fortune ; ayant délibéré, comme je sortais et entrais librement en coche sans que les gardes regardassent dedans, ni que l'on fît ôter le masques à mes femmes, d'en déguiser l'un d'eux en femme, et le sortir dans ma coche. Et comme ils ne pouvaient tous deux ensemble à cause qu'ils étaient trop éclairés des gardes, et qu'il suffisait qu'il y en eût un dehors pour assurer la vie de l'autre, jamais ils ne se purent accorder sur celui qui sortirait, chacun voulant être celui-là, et nul ne voulant demeurer ; de sorte que ce dessein ne se pût exécuter. Mais Dieu y remédia par un moyen bien misérable pour moi ; car il me priva du roi Charles, tout l'appui et support de ma vie, un frère duquel je n'avais reçu que du bien, et qui en toutes les persécutions que mon frère d'Anjou m'avait faites à Angers m'avais toujours assistée, et avertie, et conseillée. Bref je perdais en lui tout ce que je pouvais perdre [52].

Après ce désastre, malheureux pour la France et pour moi, nous allâmes à Lyon au devant du roi de

Pologne, lequel possédé encore par Le Guast, rendit de mêmes causes mêmes effets, et croyant aux avis de ce pernicieux esprit, qu'il avait laissé en France pour maintenir son parti [53], conçut extrême jalousie contre mon frère d'Alençon, ayant pour suspecte et supportant mal l'union de lui et du roi mon mari, estimant que j'en fusse le lien et le seul moyen qui maintenait leur amitié, et que les plus propres expédients pour les diviser étaient, d'un côté, de me brouiller et mettre en mauvais ménage avec le roi mon mari, et d'autre, de faire que Mme de Sauves, qu'ils servaient tous deux, les ménageât tous deux de telle façon qu'ils entrâssent en extrême jalousie l'un de l'autre. Cet abominable dessein, source et origine de tant d'ennuis, d'empêchements et de maux que mon frère et moi avons depuis soufferts, fut poursuivi avec autant d'animosité, de ruses et d'artifice qu'il avait été pernicieusement inventé.

Quelques-uns tiennent que Dieu a en particulière protection les grands, et qu'aux esprits où il reluit quelque excellence non commune, il leur donne, par de bons génies, quelques secrets avertissements des accidents qui leur sont préparés ou en bien ou en mal ; comme à la reine ma mère, que justement l'on peut mettre de ce nombre, il s'en est vu plusieurs exemples. Même la nuit avant la misérable course en lice, elle songea qu'elle voyait le feu roi mon père blessé à l'œil, comme il le fut ; et étant éveillée, elle le supplia plusieurs fois de ne point vouloir courir ce jour, et de bien vouloir se contenter de voir le plaisir du tournoi, sans en vouloir être. Mais l'inévitable destin ne permit tant de bien à ce royaume qu'il put recevoir cet utile conseil.

Elle n'a aussi jamais perdu aucun de ses enfants qu'elle n'ait vu une fort grande flamme, à la vue de laquelle soudain elle s'écriait : « Dieu garde mes enfants ! » et tout de suite après, elle entendait la triste nouvelle qui, par ce feu, lui avait été augurée. Pendant sa maladie à Metz (où, par une fièvre pestilentielle et le charbon [(*)] elle fut à l'extrémité), qu'elle avait prise allant visiter les couvents de femmes, comme il y en a beaucoup en cette ville-là, lesquelles avaient été depuis peu infectés de cette contagion ; de quoi elle fut garantie miraculeusement, Dieu la redonnant à cet État, qui en avait encore tant de besoin, par la diligence de M. Castelan son médecin qui, nouveau Esculape, donna lors une preuve insigne de l'excellence de son art ; elle rêvant, et étant assisté, autour de son lit, du roi Charles mon frère, et de ma sœur et mon frère de Lorraine, de plusieurs messieurs du conseil, et de force dames et princesses, qui, la tenant hors d'espérance, ne l'abandonnaient point, s'écrie, continuant ses rêveries, comme si elle eût vu donner la bataille de Jarnac : « Voyez comme ils fuient ! Mon fils a la victoire. Hé, mon Dieu ! relevez mon fils ! il est par terre ! Voyez, voyez, dans cette haie, le prince de Condé mort ! »

Tous ceux qui étaient là croyaient qu'elle rêvait, et que, sachant que mon frère d'Anjou était en terme de donner la bataille, elle n'eût que cela en tête. Mais la nuit après, M. de Losses lui en apportant la nouvelle comme chose très désirée, en quoi il pensait beaucoup mériter : « Vous êtes fâcheux, lui dit-elle, de m'avoir

---

(*) Maladie infectieuse.

éveillée pour cela ; je le savais bien : ne l'avais-je pas vu avant hier ? » Alors on reconnut que ce n'était point rêverie de la fièvre, mais un avertissement particulier que Dieu donne aux personnes illustres et rares. L'histoire nous en fournit autant d'exemples pour les anciens païens, comme le fantôme de Brutus et plusieurs autres, que je ne décrirai pas, mon intention n'étant pas d'orner ces mémoires, mais seulement de narrer la vérité, et de les avancer promptement, afin que plus tôt vous les receviez. De ces divins avertissements je ne me veux estimer digne ; toutefois, pour ne me taire comme ingrate des grâces que j'ai eues de Dieu, que je dois et veux confesser toute ma vie, pour lui en rendre grâces, et que chacun le loue aux merveilles des effets de sa puissance, bonté et miséricorde, qu'il lui a plu de faire en moi, j'avouerai n'avoir jamais été proche de quelques remarquables accidents, ou sinistres ou heureux, que je n'en aie eu quelque avertissement, ou en songe ou autrement ; et puis bien dire ce vers :

De mon bien ou mon mal mon esprit m'est oracle.

Ce que j'éprouvai lors de l'arrivée du roi de Pologne, la reine ma mère étant allée au devant de lui. Cependant qu'ils s'embrassaient et faisaient les réciproques bienvenues, bien que ce fût en un temps si chaud qu'en la presse où nous étions on s'étouffait, il me prit un frisson si grand avec un tremblement si universel, que celui qui m'aidait s'en aperçut. J'eus beaucoup de peine à le cacher, quand après avoir laissé la reine ma mère, le roi vint me saluer. Cet augure me toucha au cœur ; toutefois il se passa quelques jours sans que le roi découvrit la haine et le mauvais dessein que le pernicieux Le Guast lui avait fait concevoir contre moi, par le rapport qu'il lui avait fait que depuis la mort du roi j'avais tenu le parti de mon frère d'Alençon en son absence, et l'avais fait affectionner au roi mon mari. Par quoi, épiant toujours une occasion pour parvenir à l'intention prédite de rompre l'amitié de mon frère d'Alençon et du roi mon mari, en nous mettant en mauvais ménage le roi mon mari et moi, et les brouillant tous deux sur le sujet de la jalousie de leur commun amour de Mme de Sauves, une après-dînée, la reine ma mère étant entrée en son cabinet pour faire quelques longues dépêches, Mme de Nevers votre cousine, Mme de Retz aussi votre cousine, Bourdeille [54] et Surgères [55], me demandèrent si je me voulais aller promener à la ville. Sur cela Mlle de Montigny [56], nièce de Mme d'Uzès [57], nous dit que l'abbaye de Saint-Pierre était un fort beau couvent. Nous résolûmes d'y aller. Elle nous pria qu'elle vînt avec nous, parce qu'elle y avait une tante, et que l'entrée n'y est pas libre sinon qu'avec les grandes. Elle y vint ; et comme nous montions en chariot, Liancourt, premier écuyer du roi, et Camille s'y trouvèrent, qui se jetèrent sur les portières du chariot, encore qu'il fut tout plein de nous six, et de Mme de Curton, ma dame d'honneur, qui allait toujours avec moi, et de Thorigny [58]. Eux néanmoins tenant sur les portières comme ils purent, et gaussant, comme ils étaient d'humeur bouffonne, dirent qu'ils voulaient venir voir ces belles religieuses. La compagnie de Mlle de Montigny, qui ne nous était aucunement familière, et d'eux deux qui étaient confidents du roi, fut, que je crois, une providence de Dieu pour me garantir de la calomnie que l'on me voulait imputer.

Nous allâmes à ce couvent, et mon chariot, qui était assez reconnaissable, pour être doré et de velours jaune garni d'argent, nous attendit à la place, à l'entour de laquelle logeaient plusieurs gentilshommes. Pendant que nous étions dans Saint-Pierre, le roi ayant seulement avec lui le roi mon mari, d'O [59], et le gros Ruffé [60], s'en allant voir Quélus [61] qui était malade, passant par cette place et voyant mon chariot vide, se tourna vers le roi mon mari et lui dit : « Voyez, voilà le chariot de votre femme, et voilà de logis de Bidé [62] », qui était alors malade. (Ainsi se nommait aussi celui qui a depuis servi votre cousine.) « Je gage, dit-il, qu'elle y est » ; et il commanda au gros Ruffé, instrument propre de telle malice, pour être ami de Le Guast, d'y aller voir ; lequel n'y ayant trouvé personne, et ne voulant pas toutefois que cette vérité empêchât le dessein du roi, lui dit tout haut devant le roi mon mari : « Les oiseaux y ont été, mais ils n'y sont plus. » Cela suffit assez pour donner sujet de s'entretenir jusqu'au logis. Le roi mon mari, témoignant en cela la bonté et l'entendement de quoi il s'est toujours montré accompagné, détestant en son cœur cette malice, jugea aisément à quelle fin il le faisait. Et le roi se hâtant de retourner avant moi pour persuader la reine ma mère de cette invention, et m'en faire recevoir un affront, j'arrivai alors qu'il avait eu tout loisir de faire ce mauvais effet, et que la reine ma mère elle-même en avait parlé fort étrangement devant des dames, partie par créance, partie pour plaire à ce fils qu'elle idolâtrait. Moi revenant après, sans savoir rien de tout ceci, j'allai descendre en ma chambre avec toute la troupe susdite, qui m'avait accompagnée à Saint-Pierre. J'y trouvai le roi mon mari, qui aussitôt qu'il me vit se prit à rire, et me dit : « Allez chez la reine votre mère, et je m'assure que vous en reviendrez bien en colère. » Je lui demandai pourquoi, et ce qu'il y avait. Il me dit : « Je ne vous le dirai pas, mais suffise à vous que je n'en crois rien, et que ce sont inventions pour nous brouiller vous et moi, pensant, par ce moyen, me séparer de l'amitié de M. votre frère. »

Voyant que je n'en pouvais tirer autre chose, je m'en vais chez la reine ma mère. Entrant en la salle je trouvai M. de Guise, qui, prévoyant, n'était pas marri de la division qu'il voyait arriver en notre maison, espérant bien que du vaisseau brisé il en recueillerait les pièces. Il me dit : « Je vous attendais ici pour vous avertir que le roi vous a prêté une dangereuse charité [*] ». Et me fit tout le discours susdit qu'il avait appris de d'O, qui, étant lors fort ami de votre cousine, l'avait dit à M. de Guise pour nous en avertir. J'entrai en la chambre de la reine ma mère, où elle n'était pas. Je trouvai Mme de Nemours [63], toutes les autres princesses et dames, qui me dirent : « Mon Dieu, madame, la reine votre mère est en si grande colère contre vous ; je ne vous conseille pas de vous présenter devant elle. — Non, lui dis-je, si j'avais fait ce que le roi lui a dit ; mais en étant tout à fait innocente, il faut que je lui parle pour l'en éclaircir ».

_____

[*] Prêter une charité à quelqu'un : lui prêter mensongèrement un propos qu'il n'a pas tenu ou un acte qu'il n'a pas commis.

J'entrai dans son cabinet, qui n'était fait que d'une cloison de bois, de sorte que l'on pouvait aisément entendre de la chambre tout ce qui s'y disait. Aussitôt qu'elle me voit, elle commence a me jeter feu, et à dire tout ce qu'une colère outrée et démesurée peut jeter dehors. Je lui représente la vérité, et que nous étions dix ou douze ; et la suppliai de s'en enquérir, et de ne pas croire celles qui m'étaient amies et familières, mais seulement Mlle de Montigny qui ne me fréquentait point, et Liancourt et Camille qui ne dépendaient que du roi. Elle n'a point d'oreille pour la vérité ni pour la raison ; elle n'en veut point recevoir, fût pour être préoccupée du faux, ou bien pour complaire à ce fils, que d'affection, de devoir, d'espérance et de crainte elle idolâtrait, et ne cesse de tancer, crier et menacer. Et lui disant que cette charité m'avait été prêtée par le roi, elle se met encore plus en colère, me voulant faire croire que c'était un sien valet de chambre qui passant par là m'y avait vue. Et voyant que cette feinte était grossière, que je la recevrais pour telle, et restais infiniment offensée par le roi, cela la tourmentait et l'aiguillonnait davantage, ce qui était ouï de sa chambre toute pleine de gens.

Sortant de là avec le dépit qu'on peut penser d'une telle offense, je trouve en ma chambre le roi mon mari, qui me dit : « Eh ! bien, n'avez-vous pas trouvé ce que je vous avais dit ? » Et me voyant si affligée : « Ne vous tourmentez pas de cela, dit-il ; Liancourt et Camille se trouveront au coucher du roi, et lui diront le tort qu'il vous a fait, et je suis sûr que demain le reine votre mère sera bien empêchée à faire les accords. » Je lui dis : « Monsieur, j'ai reçu un affront trop public de cette calomnie pour pardonner à ceux qui me l'ont causé ; mais toutes les injures ne me sont rien au prix du tort qu'on m'a voulu faire, me voulant procurer un si grand malheur que de me mettre mal avec vous. » Il me répondit : « Il s'y est, Dieu merci, failli. » Je lui dis : « Oui, Dieu merci, et votre bon naturel ; mais de ce mal il faut que nous en tirions un bien. Que ceci nous serve d'avertissement à l'un et à l'autre pour avoir l'œil ouvert à tous les artifices que le roi pourra faire pour nous mettre mal ensemble ; car il faut croire, puisqu'il a ce dessein, qu'il ne s'arrêtera pas à celui-ci, et ne cessera qu'il n'ait rompu l'amitié de mon frère et de vous. » Sur cela, mon frère arriva, et je les fis par nouveau serment obliger à la continuation de leur amitié. Mais quel serment peut valoir en amour ?

Le lendemain matin, un banquier italien qui était serviteur de mon frère, pria mon dit frère, le roi mon mari et moi, et plusieurs autres princesses et dames d'aller dîner en un beau jardin qu'il avait à la ville. Moi, ayant toujours gardé ce respect à la reine ma mère, tant que j'ai été auprès d'elle, fille ou mariée, de n'aller en un lieu sans lui en demander congé, je l'allai trouver en la salle revenant de la messe, pour avoir sa permission d'aller à ce festin. Elle, me faisant un refus public, me dit que j'allasse où je voudrais, qu'elle ne s'en souciait pas. Si cet affront fut ressenti d'un cœur comme le mien, je le laisse à juger à ceux qui, comme vous, ont connu mon humeur. Pendant que nous étions à ce festin, le roi, qui avait parlé à Liancourt, à Camille, et à Mlle de Montigny, comprit l'erreur où la malice du gros Ruffé l'avait fait tomber, et ne se trouvant pas moins en peine à la rhabiller qu'il avait été prompt à la recevoir et à la publier, venant trouver la reine ma mère lui confessa le vrai, et la pria de rhabiller cela en quelque façon que je ne lui demeurasse pas ennemie ; craignant fort, parce qu'il me voyait avoir de l'entendement, que je m'en susse plus à propos revancher qu'il ne m'avait su offenser. Revenus que nous fûmes du festin, la prophétie du roi mon mari fut véritable. La reine ma mère m'envoya quérir en son cabinet de derrière, qui était proche de celui du roi, où elle me dit qu'elle avait su la vérité de tout et que je lui avais dit vrai ; qu'il n'était rien de tout ce que le valet de chambre qui lui avait fait ce rapport lui avait dit ; que c'était un mauvais homme, qu'elle le chasserait. Et connaissant à ma mine que je ne recevais pas cette feinte, elle s'efforça par tous moyens de m'ôter l'opinion que ce fût le roi qui m'eût prêté cette charité. Et voyant qu'elle n'y avançait rien, le roi entra dans le cabinet, et m'en fit force excuses, disant qu'on le lui avait fait accroire, et me faisant toutes les satisfactions et démonstrations d'amitié qui se pouvaient faire.

Cela passé, après avoir demeuré quelque temps à Lyon, nous allâmes en Avignon. Le Guast n'osant plus inventer de telles impostures, et voyant que je ne lui donnais aucune prise en mes actions pour, par la jalousie, me mettre mal avec le roi mon mari, et ébranler l'amitié de mon frère et de lui, se servit d'une autre voie, qui était celle de Mme de Sauves, la gagnant tellement qu'elle se gouvernait entièrement par lui, et usant de ses instructions non moins pernicieuses que celles de la Célestine [64], en peu de temps elle rendit l'amour de mon frère et du roi mon mari, auparavant tiède et lente comme celle de personnes si jeunes, en une telle extrémité, qu'oubliant toute ambition, tout devoir, et tout dessein, ils n'avaient plus autre chose en l'esprit que la recherche de cette femme. Et en viennent à une si grande et véhémente jalousie l'un de l'autre, qu'encore qu'elle fût recherchée de M. De Guise, de Le Guast, de Souvré [65] et plusieurs autres, qui étaient tous plus aimés d'elle qu'eux, ils ne s'en souciaient pas ; ces deux beaux-frères ne craignaient que la recherche de l'un et de l'autre. Et cette femme, pour mieux jouer son jeu, persuada le roi mon mari que j'en étais jalouse, et que pour cette raison je tenais le parti de mon frère. Nous croyons aisément ce qui nous est dit par des personnes que nous aimons. Il prend cette créance, il s'éloigne de moi, et s'en cache plus que de tout autre, ce que jusqu'alors il n'avait fait ; car quoi qu'il en eût eu la fantaisie, il m'en avait toujours parlé aussi librement qu'à une sœur, connaissant bien que je n'en étais aucunement jalouse, ne désirant que son contentement. Moi, voyant ce que j'avais le plus craint être advenu, qui était l'éloignement de sa bonne grâce, par la privation de la franchise de quoi il avait jusqu'alors usé avec moi, et que la méfiance qui prive de la familiarité est le principe de la haine, soit entre parents ou amis, et connaissant d'ailleurs que si je pouvais divertir mon frère de l'affection de Mme de Sauves, j'ôterais le fondement de l'artifice que Le Guast avait fabriqué à notre division et ruine susdite à l'endroit de mon frère, j'usai de tous les moyens que je pus pour l'en tirer, ce qui eût servi à tout autre qui n'eût eu l'âme fascinée par l'amour et les ruses de ces fines personnes.

Mon frère, qui en toute autre chose ne croyait rien que moi, ne put jamais se regagner soi-même pour son salut et le mien, tant forts étaient les charmes de cette Circé, aidés de ce diabolique esprit de Le Guast ; de façon qu'au lieu de tirer profit de mes paroles, il les redisait toutes à cette femme. Que peut-on celer à celle que l'on aime ? Elle s'en animait contre moi, et servait avec plus d'affection au dessein de Le Guast, et pour s'en venger disposait toujours davantage le roi mon mari à me haïr et s'éloigner de moi : de sorte qu'il ne me parlait presque plus. Il revenait de chez elle fort tard, et pour l'empêcher de me voir elle lui commandait de se trouver au lever de la reine, où elle était sujette d'aller, et après tout le jour il ne bougeait plus d'avec elle. Mon frère n'apportait pas moins de soin à la rechercher, elle leur faisant accroire à tous deux qu'ils étaient uniquement aimés d'elle. Ce qui n'avançait pas moins leur jalousie et leur division que leur ruine.

[1575]. Nous fîmes un long séjour en Avignon, et un grand tour par la Bourgogne et la Champagne pour aller à Reims aux noces du roi [66], et de là venir à Paris, où les choses se comportèrent toujours de cette façon. La trame de Le Guast allait par ces moyens toujours s'avançant à notre division et ruine. Étant à Paris, mon frère approcha de lui Bussy [67], en faisant autant d'estime que sa valeur le méritait. Il était toujours auprès de mon frère, et par conséquent avec moi, mon frère et moi étant presque toujours ensemble, et ordonnant à tous ses serviteurs de ne pas m'honorer et rechercher moins que lui. Tous les hommes et gens de sa suite accomplissaient cet agréable commandement avec tant d'obligeance, qu'ils ne me rendaient pas moins de services qu'à lui. Votre tante, voyant cela, m'a souvent dit que cette belle union de mon frère et de moi lui faisait ressouvenir du temps de M. d'Orléans, mon oncle, et de Mme de Savoie, ma tante.

Le Guast, qui était un potiron de ce temps, y donnant interprétation contraire, pensa que la fortune lui offrait un beau moyen pour se hâter à plus vite pas d'arriver au but de son dessein et, par le moyen de Mme de Sauves, s'étant introduit en la bonne grâce du roi mon mari, tâcha par toute voie de le persuader que Bussy me servait. Et voyant qu'il n'y parvenait pas, le roi mon mari étant assez averti par ses gens, qui étaient toujours avec moi, de ma conduite qui ne tendait à rien de semblable, il s'adressa au roi, qu'il trouva plus facile à persuader, tant pour le peu de bien qu'il voulait à mon frère et à moi, notre amitié lui étant suspecte et odieuse, que pour la haine qu'il avait envers Bussy, qui l'ayant autrefois suivi, l'avait quitté pour se dédier à mon frère. Acquisition qui accroissait autant la gloire de mon frère que l'envie de nos ennemis, car il n'y avait, en ce siècle-là, de son sexe et de sa qualité, rien de semblable en valeur, réputation, grâce et esprit. En quoi quelques-uns disaient que s'il fallait croire à la transmutation des âmes, comme quelques philosophes ont tenu, sans doute celle de Ardelay, votre brave frère [68], animait celle de Bussy. Le roi, imbu de cela par Le Guast, en parla à la reine ma mère, la conviant à en parler au roi mon mari, et tâchant de la mettre aux mêmes aigreurs qu'il l'avait mise à Lyon. Mais elle, voyant le peu de vraisemblance qu'il y avait, l'en rejeta, lui disant : « Je ne sais qui sont les brouillons qui vous mettent telles opinions en la fantaisie. Ma fille est malheureuse d'être venue en un tel siècle. De notre temps, nous parlions librement à tout le monde, et tous les honnêtes gens qui suivaient le roi votre père, M. le dauphin, et M. d'Orléans vos oncles, étaient d'ordinaire à la chambre de Mme Marguerite votre tante et de moi ; personne ne le trouvait étrange, comme aussi n'y avait-il pas de quoi. Bussy voit ma fille devant vous, devant son mari en sa chambre, devant tous les gens de son mari, et devant tout le monde ; ce n'est pas en cachette, ni à porte fermée. Bussy est une personne de qualité, et le premier auprès de votre frère. Qu'y a-t-il à penser ? En savez-vous autre chose que par une calomnie ? À Lyon, vous me lui avez fait faire un affront très grand, duquel je crains bien qu'elle ne se ressente toute sa vie. » Le roi demeurant étonné lui dit : « Madame, je n'en parle qu'après les autres. » Elle répondit : « Qui sont ces autres, mon fils ? ce sont gens qui vous veulent mettre mal avec tous les vôtres. » Le roi s'en étant allé, elle me raconta le tout, et me dit : « Vous êtes née en un misérable temps. » Et appelant votre tante Mme de Dampierre, elle se mit à discourir avec elle de l'honnête liberté des plaisirs qu'ils avaient en ce temps-là, sans être sujets comme nous à la médisance.

Le Guast, voyant la mine éventée, et qu'elle n'avait pris feu de ce côté-là comme il désirait, s'adresse à certains gentilshommes qui suivaient lors le roi mon mari, qui jusqu'alors avaient été compagnons de Bussy et depuis devenus ses ennemis pour la jalousie que leur apportait son avancement et sa gloire. Ceux-ci joignant à cette envieuse haine un zèle inconsidéré au service de leur maître, ou pour mieux dire couvrant leur envie de ce prétexte, se résolurent, un soir qu'il sortait tard du coucher de son maître pour se retirer en son logis, de l'assassiner. Et comme les honnêtes gens qui étaient auprès de mon frère avaient l'habitude de l'accompagner, ils savaient qu'ils ne le trouveraient avec moins de quinze ou vingt honnêtes hommes, et que bien que à cause de la blessure qu'il avait au bras droit, depuis peu de jours qu'il s'était battu contre Saint-Phale, il ne portât point d'épée, sa présence serait suffisante pour redoubler le courage de ceux qui étaient avec lui. Ce que redoutant, et voulant assurer leur entreprise, ils résolurent de l'attaquer avec deux ou trois cents hommes, le voile de la nuit couvrant la honte d'un tel assassinat.

Le Guast, qui commandait au régiment des gardes, leur fournit des soldats, et se mettant en cinq ou six troupes en la plus proche rue de son logis où il fallait qu'il passât, le chargent, éteignant les torches et flambeaux. Après une salve d'arquebusades et pistoletades qui eût suffi, non à attaquer une troupe de quinze ou vingt hommes, mais à défaire un régiment, ils viennent aux mains avec sa troupe, tâchant toujours dans l'obscurité de la nuit à le remarquer pour ne pas le manquer, et le reconnaissant à une écharpe colombine [*] où il portait son bras droit blessé, bien à propos pour eux, qui en eûssent sinon senti la force ; qui furent toutefois

_____

(*) Couleur gorge de pigeon.

bien supportés par cette petite troupe d'honnêtes gens qui étaient avec lui, à qui l'inopinée rencontre ni l'horreur de la nuit n'ôta le cœur ni le jugement ; mais faisant autant de preuve de leur valeur que de l'affection qu'ils avaient pour leur ami, à force d'armes le passèrent jusqu'à son logis, sans perdre aucun de leur troupe, à l'exception d'un gentilhomme qui avait été élevé avec lui, qui ayant été blessé auparavant à un bras portait une écharpe colombine comme lui, mais toutefois bien différente pour n'être enrichie comme celle de son maître. Toutefois en l'obscurité de la nuit, ou le transport ou l'animosité de ces assassins, qui avaient le mot de frapper tous sur l'écharpe colombine, fit que toute la troupe se jeta sur ce pauvre gentilhomme, pensant que ce fût Bussy, et le laissèrent pour mort en la rue.

Un gentilhomme italien qui était à mon frère y étant, de premier abord l'effroi l'ayant pris, s'en accourt tout sanglant dans le Louvre, et jusqu'à la chambre de mon frère qui était couché, criant que l'on assassinait Bussy. Mon frère aussitôt y voulu aller. Par chance je n'étais point encore couchée, et étais logée si près de mon frère, que j'ouïs cet homme effrayé crier dans les escaliers cette épouvantable nouvelle en même temps que lui. Je cours en sa chambre pour l'empêcher de sortir, et envoyai supplier la reine ma mère d'y venir pour le retenir, voyant que la juste douleur qu'il sentait l'emportait tellement hors de lui-même, que sans considération il se fût précipité à tous dangers pour courre à la vengeance. Nous le retenons à toute peine, la reine ma mère lui représentant qu'il n'y avait aucune possibilité de sortir seul comme il était pendant la nuit, que l'obscurité couvre toute méchanceté ; que Le Guast était peut-être assez méchant d'avoir fait cette partie expressément pour le faire sortir mal à propos, afin de le faire tomber en quelque accident. Au désespoir qu'il était, ces paroles eussent eu peu de force ; mais elle, y usant de son autorité, l'arrêta, et commanda aux portiers qu'on ne le laissât sortir, prenant la peine de demeurer avec lui jusqu'à ce qu'il sût toute la vérité. Bussy, que Dieu avait garanti miraculeusement de ce danger, ne s'étant troublé pour cet hasard, son âme n'étant pas susceptible de la peur, étant né pour être la terreur de ses ennemis, la gloire de son maître, et l'espérance de ses amis, entré qu'il fut en son logis, soudain se souvint de la peine en quoi serait son maître si la nouvelle de cette rencontre était portée jusqu'à lui incertainement, et craignant que cela le fit jeter dans les filets de ses ennemis, (comme sans doute il eût fait si la reine ma mère ne l'en eût empêché), envoya aussitôt l'un des siens qui apporta la nouvelle à mon frère de la vérité de tout. Et le jour étant venu, Bussy, sans crainte de ses ennemis, revient dans le Louvre avec la façon aussi brave et aussi joyeuse que si cet attentat lui eût été un tournoi pour le plaisir. Mon frère, aussi aise de le revoir que plein de dépit et de vengeance, témoigne assez combien il ressentait l'offense qui lui avait été faite, de l'avoir voulu priver du plus brave et plus digne serviteur que prince de sa qualité eût jamais, comprenant bien que Le Guast s'attaquait à Bussy parce qu'il n'osait pas s'en prendre de premier abord à lui même.

La reine ma mère, la plus prudente et avisée princesse qui ait jamais été, connaissant de quel poids

étaient tels effets, et prévoyant qu'ils pourraient finir par
mettre ses deux enfants mal ensemble, conseilla à mon
frère que pour lever tel prétexte il fit que pour un temps
Bussy s'éloigna de la cour. À quoi mon frère consentit
par la prière que je lui en fis, voyant bien que s'il demeurait, Le Guast le mettrait toujours en jeu, et le ferait servir de couverture à son pernicieux dessein, qui était de
maintenir mon frère et le roi mon mari mal ensemble,
comme il les y avait mis par les artifices susdit. Bussy
qui n'avait autre volonté que celle de son maître, partit
accompagné de la plus brave noblesse qui fut à la cour,
qui suivait mon frère. Ce sujet étant ôté à Le Guast, et
voyant que le roi mon mari ayant eu en ce même
temps, une nuit, une fort grande faiblesse, en laquelle il
demeura évanoui l'espace d'une heure (qui lui venait,
comme je crois, d'excès qu'il avait faits avec les
femmes ; car je ne l'y avais jamais vu sujet) en laquelle
je l'avais servi et assisté comme le devoir me le commandait ; de quoi il restait si content de moi qu'il s'en
louait à tout le monde, disant que si je ne m'en étais
aperçue, et avais aussitôt couru pour le secourir, et
appeler mes femmes et ses gens, il était mort ; qu'à
cause de cela il m'en faisait beaucoup meilleur visage,
et que depuis l'amitié de lui et de mon frère commençait à se renouer, estimant toujours que j'en étais la
cause, et que je leur étais (comme l'on voit en toutes les
choses naturelles, mais plus apparemment aux serpents
coupés) un certain baume naturel qui réunit et rejoint
les parties séparées ; poursuivant toujours la pointe de
son premier et pernicieux dessein, et cherchant à fabri-
quer quelque nouvelle invention pour nous rebrouiller

le roi mon mari et moi, il met dans la tête du roi, qui depuis peu de jours avait ôté, par le même artifice de Le Guast, à la reine sa sacrée princesse, très vertueuse et bonne, une fille qu'elle aimait fort, et qui avait été élevée avec elle, nommée Changy, qu'il devait faire que le roi mon mari m'en fît de même, m'ôtant celle que j'aimais le plus, nommée Thorigny, sans autre raison, sinon qu'il ne fallait point laisser à des jeunes princesses des filles en qui elles eussent si particulière amitié.

Le roi, persuadé par ce mauvais homme, en parla plusieurs fois à mon mari, qui lui répondit qu'il savait bien qu'il me ferait un cruel déplaisir ; que si j'aimais Thorigny, j'en avais motif qu'outre ce qu'elle avait été élevée avec la reine d'Espagne ma sœur, et avec moi depuis mon enfance, elle avait beaucoup d'entendement, et que même elle l'avait fort servi en sa captivité du bois de Vincennes ; qu'il serait ingrat s'il ne s'en ressouvenait, et qu'il avait autrefois vu que sa majesté en faisait grand état plusieurs fois. Il s'en défendit de cette façon ; mais enfin Le Guast persistant toujours à pousser le roi, et jusqu'à lui faire dire au roi mon mari qu'il ne l'aimerait jamais si dès le lendemain il ne m'avait ôté Thorigny, il fut contraint à son grand regret, comme depuis il me l'a avoué, de m'en prier et me le commander. Ce qui me fut si aigre, que je ne me pus empêcher de lui témoigner par mes larmes combien j'en recevais de déplaisir, lui remontrant que ce qui m'en affligeait le plus n'était point l'éloignement de la présence d'une personne qui, depuis mon enfance, s'était toujours rendue sujette et utile auprès de moi ; mais que chacun sachant comme je l'aimais, je n'ignorais pas combien son départ si précipité porterait de préjudice à ma réputation.

Ne pouvant recevoir ces raisons, à cause de la promesse qu'il avait faite au roi de me faire ce déplaisir, elle partit le jour même, se retirant chez un sien cousin, nommé M. Chatelas. Je restai si offensée de cette indignité à la suite de tant d'autres, que ne pouvant plus résister à la juste douleur que je ressentais, qui bannissant toute prudence de moi m'abandonnait à l'ennui, je ne me pus plus forcer à rechercher le roi mon mari. De sorte que Le Guast et Mme de Sauves d'un côté l'étrangeant de moi, et moi m'éloignant aussi, nous ne couchions plus ni ne parlions plus ensemble.

Quelques jours après, quelques bons serviteurs du roi mon mari lui ayant fait connaître l'artifice par le moyen duquel on le menait à sa ruine, le mettant mal avec mon frère et moi, pour le séparer de ceux de qui il devait espérer le plus d'appui, pour après le laisser là, et ne pas tenir compte de lui, comme le roi commençait à n'en faire pas grand état et à le mépriser, ils le firent parler à mon frère, qui depuis le départ de Bussy, n'avait pas amélioré sa condition (car Le Guast tous les jours lui faisait recevoir quelques nouvelles indignités), et connaissant qu'ils étaient tous deux en même réputation à la cour, aussi défavorisés l'un que l'autre ; que Le Guast seul gouvernait le monde ; qu'il fallait qu'ils mendiassent de lui ce qu'ils voulaient obtenir auprès du roi ; que s'ils demandaient quelque chose ils étaient refusés avec mépris ; que si quelqu'un se rendait leur serviteur, il était aussitôt ruiné, et attaqué de mille querelles que l'on lui suscitait ; ils se résolurent, voyant que leur désunion était leur ruine, de se réunir, et se retirer de la cour, pour, ayant assemblé leurs serviteurs et amis, demander au roi une condition et un traitement digne de leur qualité ; mon frère n'ayant eu jusqu'alors son apanage, et s'entretenant seulement de certaines pensions mal assignées, qui venaient seulement quand il plaisait à Le Guast ; et le roi mon mari ne jouissant nullement de son gouvernement de Guyenne, ne lui étant permis d'y aller, ni en aucune de ses terres.

Cette résolution étant prise entre eux, mon frère m'en parla, me disant qu'à cette heure ils étaient bien ensemble, et qu'il désirait que nous fussions bien le roi mon mari et moi, et qu'il me priait d'oublier tout ce qui s'était passé ; que le roi mon mari lui avait dit qu'il en avait un extrême regret, et qu'il connaissait bien que nos ennemis avaient été plus fins que nous ; mais qu'il se résolvait de m'aimer, et de me donner plus de contentement de lui. Il me priait aussi, de mon côté, de l'aimer, et de l'assister en ses affaires en son absence. Ayant pris résolution tous deux ensemble que mon frère partirait le premier, se dérobant dans un carrosse comme il pourrait, et qu'à quelques jours de là le roi mon mari, feignant d'aller à la chasse, le suivrait (regrettant beaucoup qu'ils ne me pussent emmener avec eux, toutefois s'assurant qu'on ne m'oserait faire déplaisir, les sachant dehors ; aussi qu'ils feraient bientôt paraître que leur intention n'était point de troubler la France, mais seulement de s'établir une condition digne de leur qualité, et se mettre en sûreté ; car parmi ces difficultés, ils n'étaient pas sans crainte de leur vie, soit que véritablement ils fussent en danger, soit que ceux qui désiraient la division et ruine de notre maison, pour s'en prévaloir, leur fissent donner des alarmes par les continuels avertissements qu'il en recevaient), le soir venu, peu avant le souper du roi, mon frère changeant de manteau, et le mettant autour du nez, sort suivi seulement d'un des siens, qui n'était pas connu, et s'en va à pied jusqu'à la porte de Saint-Honoré, où il trouve Simié - avec le carrosse d'une dame, qu'il avait emprunté à cet effet, dans lequel il se met, et va jusqu'à quelques maisons, à un quart de lieue de Paris, où il trouva des chevaux qui l'attendaient, sur lesquels montant, à quelques lieues de là il trouva deux ou trois cents chevaux de ses serviteurs qui l'attendaient au rendez-vous qu'il leur avait donné [69].

L'on ne s'aperçut de son départ que sur les neuf heures du soir. Le roi et la reine ma mère me demandèrent pourquoi il n'avait point soupé avec eux, et s'il était malade. Je leur dis que je ne l'avais point vu depuis l'après-dînée. Ils envoyèrent en sa chambre voir ce qu'il faisait ; on leur vint dire qu'il n'y était pas. Ils disent qu'on le cherche par toutes les chambres des dames, où il avait accoutumé d'aller. On cherche par le château, on cherche par la ville ; on ne le trouve point. À cette heure l'alarme s'échauffe ; le roi se met en colère, se courrouce, menace, envoie quérir tous les princes et seigneurs de la cour, leur commande de monter à cheval, et le lui ramener vif ou mort, disant qu'il s'en va troubler son État pour lui faire la guerre, et qu'il lui fera connaître la folie qu'il faisait de s'attaquer à un roi si puissant que lui. Plusieurs de ces princes et seigneurs refusent cette commission, remontrant au roi de quelle importance elle était ; qu'ils voudraient mettre leur vie en ce qui serait du service du roi, comme ils savaient être de leur devoir ; mais d'aller contre Monsieur son frère, ils savaient bien que le roi leur en saurait un jour mauvais gré ; et qu'il soit sûr que mon frère n'entreprendrait rien qui put déplaire à sa majesté, ni qui put nuire à son État ; que peut-être c'était un mécontentement qui l'avait convié à s'éloigner de la cour ; qu'il leur semblait que le roi devait envoyer devers lui, pour s'informer de l'occasion qui l'avait mû à partir, avant que prendre résolution à toute rigueur comme celle-ci. Quelques autres acceptèrent et se préparèrent pour monter à cheval. Ils ne purent faire telle diligence qu'ils pussent partir plus tôt que sur le point du jour, qui fut cause qu'ils ne trouvèrent point mon frère, et furent contraints de revenir car ils n'étaient en équipage de guerre.

[1576]. Le roi, pour ce départ, ne montra pas meilleur visage au roi mon mari ; mais, en faisant aussi peu d'état qu'à l'accoutumée, le tenait toujours de même façon ; ce qui le confirmait en la résolution qu'il avait prise avec mon frère ; de sorte que peu de jours après il partit, feignant d'aller à la chasse[70]. Moi, le lendemain du départ de mon frère, les pleurs qui m'avaient accompagnée toute la nuit me provoquèrent un si grand rhume sur la moitié du visage, que j'en fus, avec une grosse fièvre, arrêtée dans le lit pour quelques jours, fort malade et avec beaucoup de douleurs. Durant laquelle maladie le roi mon mari, ou qu'il fut occupé à prendre des dispositions pour son départ, ou qu'ayant à laisser bientôt la cour, il voulut donner ce peu de temps qu'il avait à y

être à la seule volupté de jouir de la présence de sa maîtresse Mme de Sauves, ne put avoir le loisir de me venir
voir en ma chambre ; et revenant pour se retirer à l'accoutumée à une ou deux heures après minuit, couchant
en deux lits comme nous faisions toujours, je ne l'entendais point venir ; et se levant avant que je fusse
éveillée pour se trouver, comme j'ai dit ci-devant, au
lever de Mme ma mère, où Mme de Sauves allait, il ne
se souvenait point de me parler, comme il avait promis
à mon frère, et partit de cette façon sans me dire adieu.

Je ne laissai pas de demeurer soupçonnée du roi que
j'étais la seule cause de ce départ, et jetant feu contre
moi, s'il n'eût été retenu par la reine ma mère, sa colère,
je crois, lui eût fait exécuter contre ma vie quelque
cruauté. Mais étant retenu par elle, et n'osant faire pis,
soudain il dit à la reine ma mère que, pour le moins, il
me fallait donner des gardes, pour empêcher que je ne
suivisse le roi mon mari, et aussi pour s'assurer que personne ne communiquât avec moi, afin que je ne les
avertisse de ce qui se passait à la cour. La reine ma
mère, voulant faire toutes choses avec douceur, lui dit
qu'elle le trouverait bon ainsi (étant bien aise d'avoir pu
rabattre jusqu'au premier mouvement de sa colère),
mais qu'elle me viendrait trouver pour me disposer à ne
trouver si rude ce traitement là ; que ces aigreurs ne
demeureraient toujours en ces termes ; que toutes les
choses du monde avaient deux faces ; que cette première, qui était triste et affreuse, étant tournée, quand
nous viendrions à voir la seconde, plus agréable et plus
tranquille, à nouveaux événements on prendrait nouveau conseil ; que lors peut-être on aurait besoin de se

servir de moi ; que comme la prudence conseillait de vivre avec ses amis comme devant un jour être ses ennemis, pour ne leur confier rien de trop, qu'aussi l'amitié venant à se rompre, et pouvant nuire, elle ordonnait d'user de ses ennemis comme pouvant être un jour amis. Ces remontrances empêchèrent bien le roi de me faire ennui (ce qu'il eût bien voulu) ; mais Le Guast [71], lui donnant invention de décharger ailleurs sa colère, fit que soudain, pour me faire le plus cruel déplaisir qui se pouvait imaginer, il envoya des gens à la maison de Chatelas, cousin de Thorigny, pour, sous ombre de la prendre pour l'amener au roi, la noyer en une rivière qui était près de là. Eux arrivés, Chatelas les laisse librement entrer dans la maison, ne se doutant de rien. Eux soudain la voyant dedans, les plus forts usant avec autant d'indiscrétion que d'imprudence de la ruineuse charge qui leur avait été donnée, prennent Thorigny, la lient, l'enferment dans une chambre, attendant pour partir que leurs chevaux eussent repu ; cependant usant à la française sans se priver de rien, se gorgeant jusqu'à crever de tout ce qui était de meilleur en cette maison, Chatelas, qui était homme avisé, n'étant pas marri qu'aux dépens de son bien on put gagner ce temps pour retarder le départ de sa cousine, espérant que qui a temps a vie, et que Dieu peut-être changerait le cœur du roi, qui contremanderait ces gens ici pour ne me vouloir si aigrement offenser, et le dit Chatelas n'osant pas entreprendre par autre voie de les empêcher, bien qu'il avait assez d'amis pour le faire.

Mais Dieu, qui a toujours regardé mon affliction, pour me garantir du danger et déplaisir que mes ennemis me pourchassaient, plus à propos que moi-même ne l'en eusse pu requérir, quand bien même j'eusse su cette entreprise que j'ignorais, prépara un secours inespéré pour délivrer Thorigny des mains de ces scélérats, qui fut tel : quelques valets et chambrières s'en étant fuis, par crainte de ces satellites (*) qui frappaient et battaient là-dedans comme en maison de pillage, étant à un quart de lieue de la maison, Dieu guida par là La Ferté et Avantigny (72), avec leurs troupes, qui étaient bien deux cents chevaux, qui s'en allaient joindre à l'armée de mon frère, et fit que La Ferté reconnut parmi cette troupe de paysans un homme épleuré, qui était à Chatelas, et lui demanda ce qu'il avait, s'il y avait là quelques gens d'armes qui leur eussent fait quelque tort. Le valet lui répond que non, et que la cause qui les rendait ainsi tourmentés était l'extrémité en quoi il avait laissé son maître, pour la prise de sa cousine. Soudain La Ferté et Avantigny se résolurent de me faire ce bon office de délivrer Thorigny, louant Dieu de leur avoir offert une si belle occasion de me pouvoir témoigner l'affection qu'ils m'avaient toujours eue ; et hâtant le pas, eux et toutes leurs troupes, arrivèrent si à propos à la maison du dit Chatelas, qu'ils trouvèrent ces soldats sur le point qu'ils voulaient mettre Thorigny sur un cheval pour l'emmener noyer. Entrant tous à cheval, l'épée au poing, dans la cour et criant : « Arrêter-vous, bourreaux ! si vous lui faites mal, vous êtes morts ! » ils commencèrent à les charger et eux, se mettant à fuir, laissèrent leur prisonnière aussi transportée de joie que

_____

(*) Homme qui est aux gages d'un despote.

transie de frayeur ; et après avoir rendu grâces à Dieu et à eux d'un si salutaire et nécessaire secours, faisant apprêter le chariot de sa cousine de Chatelas, elle s'en va avec son dit cousin, accompagnée de l'escorte de ces honnêtes gens, trouver mon frère, qui fut très aise, ne me pouvant avoir auprès de lui, d'y avoir une personne que j'aimasse comme elle. Elle y fut, tant que le danger dura, traitée et respectée comme si elle eut été auprès de moi.

Pendant que le roi faisait cette belle dépêche pour faire sacrifier Thorigny à son ire, la reine ma mère, qui n'en savait rien, m'était venue trouver en ma chambre où je m'habillais encore, ayant l'intention, bien que je fusse encore mal de mon rhume, mais plus malade en l'âme qu'au corps de l'ennui qui me possédait, de sortir ce jour-là de ma chambre, pour voir un peu le cours du monde sur ces nouveaux accidents, étant toujours en peine de ce qu'on entreprendrait contre mon frère et le roi mon mari. Elle me dit : « Ma fille, nous n'avez que faire de vous hâter de vous habiller. Ne vous fâchez point, je vous prie, de ce que j'ai à vous dire. Vous avez de l'entendement. Je suis sûre que vous ne trouverez point étrange que le roi se sente offensé contre votre frère et votre ami, et que, sachant l'amitié qui est entre vous, croyant que vous saviez leur départ, il soit résolu de vous tenir pour otage de leur conduite. Il sait combien votre mari vous aime, et ne peut avoir un meilleur gage de lui que vous. Pour cette cause il a commandé que l'on vous mît des gardes, pour empêcher que vous ne sortiez de votre chambre. Car ceux de son conseil lui ont représenté que si vous étiez libre parmi nous, vous découvririez tout ce qui se délibérerait contre votre frère et votre mari, et les en avertiriez. Je vous prie de ne le trouver mauvais : ceci, si Dieu plaît, ne durera guère. Ne vous fâchez point aussi si je n'ose si souvent vous venir voir, car je craindrais d'en donner soupçon au roi ; mais assurez-vous que je ne permettrai point qu'il vous soit fait aucun déplaisir, et que je ferai tout ce que je pourrai pour mettre la paix entre vos frères. » Je lui représentai combien était grande l'indignité qu'on me faisait en cela. Je ne voulais pas désavouer que mon frère m'avait toujours librement communiqué tous ses justes mécontentements ; mais pour le roi mon mari, depuis qu'il m'avait ôté Thorigny, nous n'avions point parlé ensemble ; que même il ne m'avait point vue en ma maladie, et ne m'avait point dit adieu. Elle me répond : « Ce sont petites querelles de mari à femme ; mais on sait bien qu'avec de douces lettres il vous regagnera le cœur, et que, s'il vous mande de l'aller trouver, vous irez, ce que le roi mon fils ne veut pas. »

Elle s'en retournant, je demeure en cet état quelques mois, sans que personne, ni même mes amis les plus intimes m'osassent venir voir, craignant de se ruiner. À la cour, l'adversité est toujours seule, comme la prospérité est accompagnée ; et la persécution assistée des vrais et entiers amis. Le seul brave Crillon [73] est celui qui, méprisant toutes défenses et toutes défaveurs, vint cinq ou six fois en ma chambre, étonnant tellement de crainte les cerbères que l'on avait mis à ma porte, qu'ils n'osèrent jamais le dire, ni lui refuser le passage.

Durant ce temps-là, le roi mon mari étant arrivé en son gouvernement, et ayant joint ses serviteurs et amis, chacun lui remontra le tort qu'il avait d'être parti sans me dire adieu, lui représentant que j'avais de l'entendement pour le pouvoir servir, et qu'il fallait qu'il me regagnât ; qu'il retirerait beaucoup d'utilité de mon amitié et de ma présence lorsque, les choses étant pacifiées, il me pourrait avoir auprès de lui. Il fut aisé à persuader en cela, étant éloigné de sa Circé, Mme de Sauves. Ses charmes ayant perdu par l'absence leur force (ce qui lui rendait sa raison pour reconnaître clairement les artifices de nos ennemis, et que la division qu'ils avaient trouvée entre nous ne lui procurait pas moins de ruine qu'à moi), il m'écrivit une très honnête lettre, où il me priait d'oublier tout ce qui s'était passé entre nous, et croire qu'il me voulait aimer, et me le faire paraître plus qu'il n'avait jamais fait ; me commandant aussi de le tenir averti de l'état des affaires qui se passaient où j'étais, de mon état et de celui de mon frère ; car ils étaient éloignés, bien qu'unis d'intelligence, mon frère étant vers la Champagne, et le roi mon mari en Gascogne. Je reçus cette lettre étant encore captive, qui m'apporta beaucoup de consolation et soulagement, et je ne manquai depuis (bien que les gardes eussent charge de ne me laisser écrire), aidée de la nécessité, mère de l'invention, de lui faire souvent tenir de mes lettres.

Quelques jours après que je fus arrêtée, mon frère sut ma captivité, qui l'aigrit tellement, que s'il n'eût eu l'affection de sa patrie dans le cœur autant enracinée comme il avait de part et d'intérêt à cet État, il eût fait une si cruelle guerre (comme il en avait le moyen, ayant lors une belle armée), que le peuple eût porté la peine des actions de leur prince ; mais retenu par le devoir de cette naturelle affection, il écrivit à la reine ma mère que si l'on me traitait ainsi, on le mettrait au dernier désespoir. Elle, craignant de voir venir les aigreurs de cette guerre à cette extrémité qu'elle n'eût le moyen de la pacifier, remontra au roi de quelle importance cette guerre lui était, et le trouva disposé à recevoir ses raisons, son ire étant modérée par la connaissance du péril où il se voyait, étant attaqué en Gascogne, Dauphiné, Languedoc et Poitou, et du roi mon mari et des huguenots, qui tenaient plusieurs belles places, et de mon frère en Champagne, qui avait une grosse armée, composée de la plus brave et gaillarde noblesse qui fut en France ; et n'ayant pu, depuis le départ de mon frère, par prières, commandements ni menaces, faire monter personne à cheval contre mon frère, tous les princes et seigneurs de France redoutant sagement de mettre le doigt entre deux pierres. Tout ce considéré, le roi prête l'oreille aux remontrances de la reine ma mère, et se rend non moins désireux qu'elle de faire une paix, la priant de s'y employer et d'en trouver le moyen. Elle aussitôt se dispose d'aller trouver mon frère, représentant au roi qu'il était nécessaire qu'elle m'y menât ; mais le roi n'y voulut consentir, estimant que je lui servirais d'un grand otage. Elle donc s'en va sans moi et sans m'en parler ; et mon frère, voyant que je n'y étais pas, lui représenta le juste mécontentement qu'il avait, et les indignités et mauvais traitements qu'il avait reçus à la cour, y joignant celui de l'injure qu'on m'avait faite, m'ayant retenue captive, et de la cruauté que pour m'offenser on avait voulu faire à Thorigny, disant qu'il n'écouterait nulle ouverture de paix avant que le tort qu'on m'avait fait ne fût réparé, et qu'il ne me vit satisfaite et en liberté.

La reine ma mère voyant cette réponse, revint, et représenta au roi ce que lui avait dit mon frère ; qu'il était nécessaire, s'il voulait une paix, qu'elle y retournât, mais que d'y aller sans moi son voyage serait encore inutile, et croîtrait plutôt le mal que de le diminuer ; qu'aussi de m'y mener sans m'avoir d'abord contentée, j'y nuirais plutôt que d'y servir, et que même il serait à craindre qu'elle n'eût de la peine à me ramener, et que je ne voulusse aller trouver mon mari ; qu'il fallait m'ôter les gardes et trouver moyen de me faire oublier le traitement qu'on m'avait fait ; ce que le roi trouva bon, et s'y affectionna autant qu'elle. Aussitôt elle m'envoie quérir, me disant qu'elle avait tant fait qu'elle avait disposé les choses à la voie d'une paix ; que c'était le bien de cet État qu'elle savait que mon frère et moi avions toujours désiré ; qu'il se pouvait faire une paix si avantageuse pour mon frère, qu'il aurait l'occasion de rester content, et hors de la tyrannie de Le Guast et de tous autres tels malicieux qui pourraient posséder le roi ; qu'en outre tenant la main à faire un bon accord entre le roi et mon frère, je la délivrerais d'un mortel ennui qui la possédait, se trouvant en tel état, qu'elle ne pouvait sans mortelle offense recevoir la nouvelle de la victoire de l'un ou de l'autre de ses fils ; qu'elle me priait que l'injure que j'avais reçue ne me fit désirer plutôt la vengeance que la paix ; que le roi en était marri ; qu'elle l'en avait vu pleurer ; et qu'il me ferait telle satisfaction que j'en resterais contente. Je lui répondis que je ne préférerais jamais mon bien particulier au bien de mes frères et de cet État, pour le repos et contentement duquel je me voudrais sacrifier, que je ne souhaitais rien tant qu'une bonne paix, et que j'y voudrais servir de tout mon pouvoir.

Le roi entre sur cela en son cabinet, et avec une infinité de belles paroles tâche à me satisfaire, me conviant à son amitié, voyant que ni mes façons ni mes paroles ne démontraient aucun ressentiment de l'injure que j'avais reçue. Ce que je faisais plus par mépris de l'offense que pour sa satisfaction ; ayant passé le temps de ma captivité au plaisir de la lecture, où je commençais lors à me plaire ; n'ayant cette obligation à la fortune, mais plutôt à la Providence divine, qui dès lors commença à me produire un si bon remède pour le soulagement des ennuis qui m'étaient préparés à l'avenir. Ce qui m'était aussi un acheminement à la dévotion, lisant en ce beau livre universel de la nature tant de merveilles de son Créateur ; car toute âme bien née, faisant de cette connaissance une échelle de laquelle Dieu est le dernier et le plus haut échelon, ravie, se dresse à l'adoration de la merveilleuse lumière et splendeur de cette incompréhensible essence ; et faisant un cercle parfait, ne se plaît plus à autre chose qu'à suivre cette chaîne d'Homère, cette agréable encyclopédie, qui, partant de Dieu même, retourne à Dieu même, principe et fin de toutes choses. Et la tristesse contraire à la joie, qui emporte hors de nous les pensées de nos actions, réveille notre âme en soi-même, qui rassemblant toutes ses forces pour rejeter le mal et chercher le bien, pense et repense sans cesse pour choisir ce souverain bien,

auquel elle est sûre de pouvoir puiser quelque tranquillité ; qui sont de belles disposition pour venir à la
connaissance et amour de Dieu. Je reçus ces deux biens
de la tristesse et de la solitude, à ma première captivité,
de me plaire à l'étude, et m'adonner à la dévotion, bien
que je ne les eusse jamais goûtées entre les vanités et
magnificences de ma prospère fortune.

Le roi, comme j'ai dit, ne voyant en moi nulle apparence de mécontentement, me dit que la reine ma mère
s'en allait trouver mon frère en Champagne pour traiter
une paix, qu'il me priait de l'accompagner, et y apporter tous les bons offices que je pourrais ; et qu'il savait
que mon frère avait plus de confiance en moi qu'en tout
autre ; que de ce qui en viendrait de bien il m'en donnerait l'honneur, et m'en resterait obligé. Je lui promis
que je voulais le faire, car je savais que c'était le bien de
mon frère et celui de l'État, qui était de m'y employer
en sorte qu'il en resterait content.

La reine ma mère part, et moi avec elle, pour aller à
Sens, la conférence se devant faire en la maison d'un
gentilhomme, à une lieue de là. Le lendemain nous
allâmes au lieu de la conférence. Mon frère s'y trouvait,
accompagné de quelques-unes de ses troupes, et des
principaux seigneurs et princes catholiques et huguenots de son armée, entre lesquels était le duc Casimir,
et le colonel Poux, qui lui avaient amené six mille
reîtres, par le moyen de ceux de la religion réformée qui
s'étaient joints avec mon frère à cause du roi mon mari.
L'on traita là, pendant plusieurs jours, les conditions de
la paix, y ayant plusieurs disputes sur les articles, principalement sur ceux qui concernaient ceux de la reli-

gion, auxquels on accorda des conditions plus avantageuses qu'on n'avait envie de leur tenir, comme il parut
bien depuis ; la reine ma mère le faisant seulement pour
avoir la paix, renvoyer les reîtres, et retirer mon frère
d'avec ceux desquels il n'avait pas moins d'envie de se
séparer, pour avoir toujours été très bon catholique, et
ne s'être servi des huguenots que par nécessité [74].

En cette paix, il fut donné partage à mon frère selon
sa qualité [75], à quoi mon frère voulait que je fusse com-
prise, me faisant lors établir l'assignat de mon dot en
terres ; et M. de Beauvais [76], qui était député pour son
parti, y insistait fort pour moi. Mais la reine ma mère me
pria que je ne le permisse, et qu'elle m'assurait que j'aurais du roi ce que je lui demanderais ; ce qui me fit les
prier de ne m'y faire inclure, et que j'aimerais mieux
avoir ce que j'aurais du gré du roi et de la reine ma
mère, estimant qu'il me serait plus assuré. La paix étant
conclue et les assurances prises d'une part et d'autre, la
reine ma mère se disposant à s'en retourner, je reçus
des lettres du roi mon mari, par lesquelles il me faisait
paraître qu'il avait beaucoup de désir de me voir, me
priant, aussitôt que je verrais la paix faite, de demander
mon congé pour le venir trouver. J'en suppliai la reine
ma mère. Elle me rejette cela et par toutes sortes de persuasions tâche de m'en divertir, me disant que, lorsqu'après la Saint-Barthélemy je ne voulus recevoir la
proposition qu'elle me fit de me séparer de notre mariage,
elle loua lors mon intention parce qu'il s'était fait catholique ; mais qu'à cette heure il avait quitté la religion
catholique et qu'il s'était fait huguenot, elle ne me pouvait permettre que j'y allasse. Et voyant que j'insistais

toujours pour avoir mon congé, elle, avec la larme à l'œil, me dit que si je ne revenais avec elle, je la ruinerais : que le roi croirait qu'elle me l'aurait fait faire, et qu'elle lui avait promis de me ramener, et qu'elle ferait que j'y demeurerais jusqu'à ce que mon frère y fût ; qu'il y viendrait bientôt ; et qu'aussitôt après elle me ferait donner mon congé.

Nous nous en retournâmes à Paris trouver le roi, qui nous reçut avec beaucoup de contentement d'avoir la paix ; mais toutefois agréant peu les avantageuses conditions des huguenots, se promettant bien, aussitôt qu'il aurait mon frère à la cour, de trouver une invention pour rentrer en guerre contre lesdits huguenots, pour ne les laisser jouir de ce qu'à regret et par force on leur avait accordé seulement pour en retirer mon frère ; lequel demeura un mois ou deux pour donner ordre de renvoyer les reîtres, et licencier le reste de son armée. Il arriva après à la cour avec toute la noblesse catholique qui l'avait assisté. Le roi le reçut avec tout l'honneur, montrant avoir beaucoup de contentement de le revoir ; et fit bonne figure aussi à Bussy, qui y était ; car Le Guast lors était mort [77], ayant été tué par un jugement de Dieu, pendant qu'il suait une diète, comme aussi c'était un corps gâté de toutes sortes de vilenies, qui fut donné à la pourriture qui depuis longtemps le possédait, et son âme aux démons, à qui il avait fait hommage par magie et toutes sortes de méchancetés. Ce fusil de haine et de division étant ôté du monde, et le roi n'ayant son esprit bandé qu'à la ruine des huguenots, se voulant servir de mon frère contre eux pour rendre mon frère et eux irréconciliables, et craignant pour cette même raison que j'allasse trouver le roi mon mari, nous faisait à l'un et à l'autre toutes sortes de caresses et de bonne chère pour nous faire plaire à la cour. Et voyant qu'en ce même temps M. de Duras [78] était arrivé de la part du roi mon mari pour me venir quérir, et que je le pressais fort de me laisser aller, qu'il n'y avait plus lieu de me refuser, il me dit (montrant que c'était l'amitié qu'il me portait, et la connaissance qu'il avait de l'ornement que je donnais à la cour, qui faisait qu'il ne pouvait permettre que je m'éloignasse que le plus tard qu'il pourrait), qu'il me voulait conduire jusqu'à Poitiers, et renvoya M. de Duras avec cette assurance.

Il demeura quelques jours avant de partir de Paris, retardant à me refuser ouvertement mon congé qu'il eût toutes choses prêtes pour pouvoir déclarer la guerre, comme il en avait formé le dessein, aux huguenots, et par conséquent au roi mon mari. Et pour y trouver un prétexte, on fait courir le bruit que les catholiques se plaignent des avantageuses conditions que l'on avait accordées aux huguenots à la paix de Sens. Ce murmure et mécontentement des catholiques passe si avant, qu'ils viennent à se liguer à la cour, par les provinces et par les villes, s'enrôlant et signant, et faisant grand bruit, tacitement du su du roi, montrant vouloir élire M. de Guise [79]. Il ne se parle d'autre chose à la cour depuis Paris jusqu'à Blois, où le roi avait fait convoquer les États généraux pendant l'ouverture desquels le roi appela mon frère dans son cabinet, avec la reine ma mère et quelques-uns des messieurs de son conseil. Il leur représente de quelle importance était pour son État et pour son autorité la ligue que les catholiques commençaient, surtout s'ils venaient à se faire des chefs, et qu'ils élussent ceux de Guise ; qu'il y allait du leur plus que de tout autre (entendant de mon frère et de lui) ; que les catholiques avaient raison de se plaindre, et que son devoir et sa conscience l'obligeaient à mécontenter plutôt les huguenots que les catholiques ; qu'il priait et conjurait mon frère, comme fils de France et bon catholique qu'il était, de le vouloir conseiller et assister en cette affaire, où il y allait du hasard de sa couronne et de la religion catholique. Ajoutant à cela qu'il lui semblait que pour couper le chemin à cette dangereuse ligue, lui-même s'en devait faire le chef, et pour montrer combien il avait de zèle à sa religion, et les empêcher d'élire d'autre chef, la signer le premier comme chef, et la faire signer à mon frère, et à tous les princes et seigneurs, gouverneurs, et autres ayant charge en son royaume. Mon frère ne put que lui offrir le service qu'il devait à sa majesté, et à la conservation de la religion catholique. Le roi ayant pris assurance de l'assistance de mon frère en cette occasion, qui était la principale fin où tendait l'artifice de cette ligue, fait appeler aussitôt tous les princes et seigneurs de sa cour, se fait apporter le document de la dite ligue, y signe le premier comme chef, et y fait signer mon frère et tous les autres qui n'y avaient encore signé.

Le lendemain ils ouvrent les États [80], et ayant pris les avis de MM. les évêques de Lyon, d'Embrun et de Vienne, et des autres prélats qui étaient à la cour, qui le persuadèrent qu'après le serment qu'il avait fait à son sacre, nul serment qu'il pût faire aux hérétiques ne pouvait être valable, ledit serment de son sacre l'affranchissant de toutes les promesses qu'il avait pu faire aux huguenots. Ce qu'ayant prononcé à l'ouverture des États, et ayant déclaré la guerre aux huguenots, il renvoya Genissac le huguenot, qui depuis peu de jours était là de la part du roi mon mari pour avancer mon départ, avec des paroles rudes et pleines de menaces, lui disant qu'il avait donné sa sœur à un catholique, non à un huguenot, que si le roi mon mari avait envie de m'avoir, qu'il se fît catholique.

Toutes sortes de préparatifs à la guerre se font, et il ne se parle à la cour que de guerre ; et pour rendre mon frère plus irréconciliable avec les huguenots, le roi le fait chef d'une de ses armées. Genissac m'étant venu dire le rude congé que le roi lui avait donné, je m'en vais droit au cabinet de la reine ma mère, où le roi était, pour me plaindre de ce qu'il m'avait jusqu'alors abusée, m'ayant toujours empêchée d'aller trouver le roi mon mari, et ayant feint de partir de Paris pour me conduire à Poitiers pour faire un effet si contraire. Je lui représentai que je ne m'étais pas mariée par plaisir ni de ma volonté ; que ç'avait été de la volonté du roi Charles mon frère, de la reine ma mère, et de lui ; que puisqu'ils me l'avaient donné, ils ne me pouvaient point empêcher de partager son sort ; que j'y voulais aller ; que s'ils ne me le permettaient, je me déroberais, et y irais de quelque façon que ce fût, au péril de ma vie. Le roi me répondit : « Il n'est plus temps, ma sœur, de m'importuner de ce congé. J'avoue ce que vous dites, que j'ai retardé exprès pour vous le refuser tout à fait ; car depuis que le roi de Navarre s'est refait huguenot, je n'ai

jamais trouvé bon que vous y allassiez. Ce que nous faisons, la reine ma mère et moi, c'est pour votre bien. Je
veux faire la guerre aux huguenots, et exterminer cette
misérable religion qui nous fait tant de mal ; et que
vous, qui êtes catholique, et qui êtes ma sœur, fussiez
entre leurs mains comme otage de moi, il n'y a point de
raison. Et qui sait si, pour me faire une indignité irrépa-
rable, ils voudraient se venger sur votre vie du mal que
je leur ferai ? Non, non, vous n'irez point ; si vous
essayez de vous dérober, comme vous dites, faites état
que vous aurez et moi et la reine ma mère pour cruels
ennemis, et que nous vous ferons ressentir notre inimi-
tié autant que nous en aurons de pouvoir, et que vous
empirerez la condition de votre mari plutôt que de
l'amender. »

[1577]. Je me retirai avec beaucoup de déplaisir de
cette cruelle sentence, et prenant avis des principaux de
la cour, de mes amis et amies, ils me font observer qu'il
me serait mal séant de demeurer en une cour si ennemie du roi mon mari, et d'où l'on lui faisait si ouvertement la guerre ; et qu'ils me conseillaient, pendant que
cette guerre durerait, de me tenir hors de la cour, même
qu'il me serait plus honorable de trouver, s'il était possible, quelque prétexte pour sortir du royaume, ou sous
couleur de pèlerinage, ou pour visiter quelqu'un de mes
parents. Mme la princesse de La Roche-sur-Yon [81] était
de ceux que j'avais assemblés pour prendre leur avis,
qui était sur son départ pour aller aux eaux de Spa. Mon
frère aussi y était présent, qui avait amené avec lui
Mondoucet, qui avait été agent du roi en Flandre [82], et

en étant depuis peu revenu, avait représenté au roi combien les Flamands souffraient à regret l'usurpation que l'Espagnol faisait sur les lois de France de la domination et souveraineté de Flandre, que plusieurs seigneurs et communautés de villes l'avaient chargé de lui faire entendre combien ils avaient le cœur français, et que tous lui tendaient les bras. Mondoucet voyant que le roi méprisait cet avis, n'ayant rien en la tête que les huguenots, à qui il voulait faire ressentir le déplaisir qu'ils lui avaient fait d'avoir assisté mon frère, ne lui en parla plus, et s'adressa à mon frère, qui, ayant un vrai naturel de prince, n'aimait qu'à entreprendre choses grandes, étant plus né à conquérir qu'à conserver ; lequel embrasse aussitôt cette entreprise, qui lui plaît d'autant plus qu'il voit qu'il ne fait rien d'injuste, voulant seulement r'acquérir à la France ce qui lui était usurpé par l'Espagnol [83]. Mondoucet pour cette cause s'était mis au service de mon frère, qui le renvoyait en Flandre sous couleur d'accompagner Mme la princesse de La Roche-sur-Yon aux eaux de Spa ; lequel voyant que chacun cherchait quelque prétexte mensonger pour me pouvoir tirer hors de France durant cette guerre (qui disait en Savoie, qui disait en Lorraine, qui à Saint-Claude, qui à Notre-Dame de Lorette), dit tout bas à mon frère : « Monsieur, si la reine de Navarre pouvait feindre avoir quelque mal à quoi les eaux de Spa, où va Mme la princesse de La Roche-sur-Yon, pussent servir, cela viendrait bien à propos pour votre entreprise de Flandre, où elle pourrait faire un beau coup. » Mon frère le trouva fort bon, et fut fort aise de cette ouverture, et s'écria soudain : « O reine, ne cherchez plus, il faut que vous alliez aux eaux de Spa, où va Mme la princesse de La Roche-sur-Yon. Je vous ai vu autrefois un érésipèle [*] au bras ; il faut que vous disiez qu'à l'époque les médecins vous l'avaient ordonné, mais que la saison n'y était pas si propre ; qu'à cette heure c'est la saison, que vous suppliez le roi de vous permettre d'y aller. »

Mon frère ne s'ouvrit pas davantage devant cette compagnie pour quoi il le désirait, à cause que M. le cardinal de Bourbon y était, qu'il tenait pour Guisard et Espagnol ; mais moi je l'entendis tout de suite, me doutant bien que c'était pour l'entreprise de Flandre, de quoi Mondoucet nous avait parlé à tous deux. Toute la compagnie fut de cet avis, et Mme la princesse de La Roche-sur-Yon, qui y devait aller, et qui m'aimait fort, en reçut fort grand plaisir ; et me promit de m'y accompagner, et de se trouver avec moi quand j'en parlerais à la reine ma mère pour lui faire trouver bon.

Le lendemain je trouvai la reine seule, et lui représentai le mal et déplaisir que ce m'était de voir le roi mon mari en guerre contre le roi, et de me voir éloignée de lui ; que, pendant que cette guerre durerait, il ne m'était honorable ni bienséant de demeurer à la cour ; que, si j'y demeurais, je ne pourrais éviter de ces deux malheurs l'un, ou que le roi mon mari penserait que j'y fusse pour mon plaisir, et que je ne le servirais pas comme je devais ; ou que le roi prendrait soupçon de moi, et croirait que j'avertirais toujours le roi mon mari ; que l'un et l'autre me produiraient beaucoup de mal ;

(*) Maladie infectieuse de la peau, causée par un streptocoque.

que je la suppliais de trouver bon que je m'éloignasse de la cour pour l'éviter ; qu'il y avait quelque temps que les médecins m'avaient ordonné les eaux de Spa pour l'érésipèle que j'avais au bras, à quoi depuis si longtemps j'étais sujette ; que la saison à cette heure y étant propre, il me semblait que si elle le trouvait bon, que ce voyage était bien à propos pour m'éloigner en cette saison, non seulement de la cour, mais de la France, pour faire connaître au roi mon mari que ne pouvant être avec lui, à cause de la défiance du roi, je ne voulais point être au lieu où on lui faisait la guerre ; que j'espérais qu'elle, par sa prudence, disposerait les choses avec le temps de telle façon, que le roi mon mari obtiendrait une paix du roi, et rentrerait en sa bonne grâce ; que j'attendrais cette heureuse nouvelle pour lors venir prendre congé d'eux pour m'en aller trouver le roi mon mari ; et qu'en ce voyage de Spa, Mme la princesse de La Roche-sur-Yon, qui était là présente, me faisait cet honneur de m'accompagner. Elle approuva cette condition, et me dit qu'elle était fort aise que j'eusse pris cet avis ; que le mauvais conseil que ces évêques avaient donné au roi de ne tenir ses promesses, et rompre tout ce qu'elle avait promis et contracté pour lui, lui avait, pour plusieurs considérations, apporté beaucoup de déplaisir ; même voyant que cet impétueux torrent entraînait avec soi et ruinait les plus capables et meilleurs serviteurs que le roi eût en son conseil (car le roi en éloigna quatre ou cinq des plus considérables et plus entiers) ; mais qu'entre tout cela, ce qui lui travaillait le plus l'esprit, était de voir ce que je lui représentais, que je ne pouvais éviter, demeurant à la cour, l'un de ces deux malheurs : ou que le roi mon mari ne l'aurait agréable et s'en prendrait à moi, ou que le roi entrerait en défiance de moi, pensant que j'avertirais le roi mon mari ; qu'elle persuaderait le roi de trouver bon ce voyage. Ce qu'elle fit, et le roi m'en parla sans montrer d'en être en colère, étant assez content de m'avoir pu empêcher d'aller trouver le roi mon mari, qu'il haïssait lors plus qu'aucune chose au monde ; et commanda que l'on dépêchât un courrier à don Juan d'Autriche, qui commandait pour le roi d'Espagne en Flandre, pour le prier de me délivrer les passeports nécessaires pour passer librement au pays sous son autorité, parce qu'il fallait bien auparavant passer dans la Flandre pour aller aux eaux de Spa, qui sont aux terres de l'évêché de Liége.

Cela résolu, nous nous séparâmes tous à peu de jours de là, (lesquels mon frère employa à m'instruire des offices qu'il désirait de moi pour son entreprise de Flandre), le roi et la reine ma mère s'en allant à Poitiers, pour être plus près de l'armée de M. de Mayenne [84] qui assiégeait Brouage, et qui de là devait passer en Gascogne pour faire la guerre au roi mon mari. Mon frère s'en allait avec l'autre armée, de quoi il était chef, assiéger Issoire et les autres villes qu'il prit en ce temps-là ; moi en Flandre, accompagnée de Mme la princesse de La Roche-sur-Yon, de Mme de Tournon [85], ma dame d'honneur, de Mme de Mouy [86] de Picardie, de Mlle la castelaine de Milan, de Mlle d'Atrie [87], de Mlle de Tournon et de sept ou huit autres filles et d'hommes, de M. le cardinal de Lenoncourt [88], de M. l'évêque de Langres [89], de M. de Mouy, seigneur de Picardie, maintenant beau-père d'un frère de la reine Louise, nommé le comte de Chaligny [90], de mon premier maître d'hôtel, de mes premiers écuyers, et autres gentilshommes de ma maison. Cette compagnie plut tant aux étrangers qui la virent, et la trouvèrent si leste, qu'ils en eurent la France en beaucoup plus d'admiration.

J'allais dans une litière faite à piliers doublés de velours incarnadin d'Espagne, en broderie d'or et de soie nuée [*] à devise ; cette litière était toute vitrée, et les vitres toutes faites à devise, y ayant ou à la doublure ou aux vitres, quarante devises toutes différentes, avec les mots en espagnol et italien, sur le soleil et ses effets. Laquelle était suivie de la litière de Mme de La Roche-sur-Yon, et de celle de Mme de Tournon, ma dame d'honneur, et de dix filles à cheval avec leur gouvernante, et de six carrosses ou chariots, où allait le reste des dames et filles d'elles et de moi. Je passai par la Picardie, où les villes avaient commandement du roi de me recevoir selon que j'avais cet honneur de lui être, et me firent tout l'honneur que j'eusse pu désirer.

Étant arrivée au Castelet, qui est un fort à trois lieues de la frontière du Cambrésis, l'évêque de Cambrai [91], qui était lors terre de l'église et pays souverain, qui ne reconnaissait le roi d'Espagne que pour protecteur, m'envoya un gentilhomme pour savoir l'heure à laquelle je partirais, pour venir au devant de moi jusqu'à l'entrée de ses terres, où je le trouvai très bien accompagné de gens qui avaient les habits et l'apparence de vrais Flamands, qui sont fort grossiers en ce quartier-là.

_____

(*) Aux teintes harmonieusement assorties.

L'évêque était de la maison de Barlemont, une des principales de Flandre, mais qui avait le cœur espagnol, comme ils ont montré, ayant été ceux qui ont le plus assisté don Juan. Il ne laissa de me recevoir avec beaucoup d'honneur, et non moins de cérémonies espagnoles. Je trouvai cette ville de Cambrai, bien qu'elle ne soit bâtie de si bonne étoffe que les nôtres de France, beaucoup plus agréable, pour y être les rues et places beaucoup mieux proportionnées, et disposées comme elles sont, et les églises très grandes et belles, ornement commun à toutes les villes de Flandre. Ce que je reconnus en cette ville d'estime et de marque, fut la citadelle, des plus belles et des mieux achevées de la chrétienté ; ce que depuis elle fit bien éprouver aux Espagnols, étant sous l'obéissance de mon frère. Un honnête homme, nommé M. d'Inchy (92), fils du comte de Frezin, en était lors gouverneur, lequel en grâce, en apparence, et en toutes belles parties requises à un parfait cavalier, n'en devait rien à nos plus parfaits courtisans, ne participant nullement de cette naturelle rusticité qui semble être propre aux Flamands. L'évêque nous fit festin, et nous donna après souper le plaisir du bal, où il fit venir toutes les dames de la ville ; auquel ne se trouvant, et s'étant retiré aussitôt après souper, pour être, comme j'ai dit, d'humeur cérémonieuse espagnole, M. d'Inchy étant celui qui avait le plus haut rang de sa troupe, il le laissa pour m'entretenir durant le bal, et me mener après à la collation de confitures, imprudemment, ce me semble, vu qu'il avait la charge de la citadelle. J'en parle comme savante à mes dépens, pour avoir plus appris que je n'en désirerais comment il se faut comporter à la garde d'une place [93].

La souvenance de mon frère ne me partant jamais de l'esprit, pour n'affectionner rien tant que lui, je me ressouvins alors des instructions qu'il m'avait données, et voyant la belle occasion qui m'était offerte pour lui faire un bon service en son entreprise de Flandre, cette ville de Cambrai et cette citadelle en étant comme la clef, je ne la laissai perdre, et employai tout ce que Dieu m'avait donné d'esprit à rendre M. d'Inchy affectionné à la France, et particulièrement à mon frère. Dieu permit que je réussisse si bien que, se plaisant en mon discours, il décida de me voir le plus longtemps qu'il pourrait, et de m'accompagner tant que je serais en Flandre ; et pour cet effet demanda congé à son maître de venir avec moi jusqu'à Namur, où don Juan d'Autriche m'attendait, disant qu'il désirait voir les triomphes de cette réception. Ce Flamand espagnolisé fut néanmoins si mal avisé que de le lui permettre. Pendant ce voyage, qui dura dix ou douze jours, il me parla le plus souvent qu'il pouvait, montrant ouvertement qu'il avait le cœur tout français, et qu'il ne respirait que le bonheur d'avoir un aussi brave prince que mon frère pour maître et seigneur, méprisant la sujétion et domination de son évêque, qui, bien qu'il fût son souverain, n'était que gentilhomme comme lui, mais de beaucoup son inférieur aux qualités et grâces de l'esprit et du corps.

Partant de Cambrai, j'allai coucher à Valenciennes, terre de Flandre, où M. le comte de Lalaing, M. de Montigny son frère [94], et plusieurs autres gentilshommes au nombre de deux ou trois cents vinrent au devant de moi

pour me recevoir au sortir des terres de Cambrésis, jusqu'où l'évêque de Cambrai m'avait conduite. Étant arrivée à Valenciennes, ville qui cède en force à Cambrai,
mais ne lui cède pas en l'ornement des belles places et
belles églises, où les fontaines et les horloges, avec
industrie propre aux Allemands, ne donnaient pas peu
d'émerveillement à nos Français, ne leur étant commun
de voir des horloges représenter une agréable musique
de voix, avec autant de sortes de personnages que le
petit château que l'on allait voir pour chose rare au faubourg Saint-Germain. M. le comte de Lalaing, cette ville
étant de son gouvernement, fit festin aux seigneurs et
gentilshommes de ma troupe, remettant à Mons de traiter les dames, où sa femme, sa belle-sœur Mme d'Havrech [95] et toutes les plus considérables et galantes
dames de ce pays-là m'attendaient pour me recevoir, où
le comte et toute sa troupe me conduisit le lendemain.
Il se disait être parent du roi mon mari, et était personne
de grande autorité et de grands moyens, auquel la
domination de l'Espagne avait toujours été odieuse, en
étant très offensé depuis la mort du comte d'Egmont [96],
qui lui était proche parent. Et bien qu'il eût maintenu
son gouvernement sans être entré en la ligue du prince
d'Orange ni des huguenots, étant seigneur très catholique, il n'avait néanmoins jamais voulu voir don Juan,
ni permettre que lui ni aucun de la part de l'Espagnol
entrât en son gouvernement ; don Juan ne l'ayant osé
forcer de faire le contraire, craignant, s'il l'attaquait, de
faire joindre la ligue des catholiques de Flandre, que
l'on nomme la ligue des Etats, à celle du prince
d'Orange et des huguenots, prévoyant bien que cela lui

donnerait autant de peine, comme depuis ceux qui ont été pour le roi d'Espagne l'ont éprouvé.

Le comte de Lalaing étant tel, ne pouvait assez faire de démonstration de l'aise qu'il avait de me voir là ; et quand son prince naturel y eût été, il ne l'eût pu recevoir avec plus d'honneur et de démonstration de bienveillance et d'affection. Arrivant à Mons à la maison du comte de Lalaing, où il me fit loger, je trouvai à la cour la comtesse de Lalaing, sa femme, avec bien quatrevingts ou cent dames du pays ou de la ville, de qui je fus reçue, non comme princesse étrangère, mais comme si j'eusse été leur naturelle dame. Le naturel des Flamandes étant d'être simples, familières et joyeuses, et la comtesse de Lalaing tenant de ce naturel, mais ayant d'avantage un esprit grand et élevé, de quoi elle ne ressemblait moins à votre cousine que du visage et de la façon, cela me donna soudain assurance qu'il me serait aisé de faire amitié étroite avec elle, ce qui pourrai apporter de l'utilité à l'avancement du dessein de mon frère, cette honnête femme possédant entièrement son mari. Passant cette journée à entretenir toutes ces dames, je me rends principalement familière de la comtesse de Lalaing, et le jour-même nous contractons une étroite amitié.

L'heure du souper venue, nous allons au festin et au bal, que le comte de Lalaing continua tant que je fus à Mons, qui fut plus que je ne pensais, estimant devoir partir dès le lendemain. Mais cette honnête femme me contraignit de passer une semaine avec eux, ce que je ne voulais faire, craignant de les incommoder. Mais il ne me fut jamais possible d'en persuader son mari ni elle, qui encore à toute force me laissèrent partir au bout de huit jours. Vivant en telle privauté avec elle, elle demeura à mon coucher fort tard, et y eût demeuré davantage, mais elle faisait chose peu commune à personnes de telle qualité, ce qui toutefois témoigne d'une nature accompagnée d'une grande bonté. Elle nourrissait son petit fils de son lait ; de sorte qu'étant le lendemain au festin, assise tout auprès de moi à la table, qui est le lieu où ceux de ce pays-là se communiquent avec plus de franchise, n'ayant l'esprit bandé qu'à mon but, qui n'était que d'avancer le dessein de mon frère, elle parée et toute couverte de pierreries et de broderies, avec une robille (*) à l'espagnole de toile d'or noire, avec des bandes de broderie de canetille (**) d'or et d'argent, et un pourpoint de toile d'argent blanche en broderie d'or, avec des gros boutons de diamant (habit approprié à l'office de nourrice), l'on lui apporta à la table son petit fils, emmailloté aussi richement qu'était vêtue la nourrice, pour lui donner à téter. Elle le met entre nous deux sur la table, et librement se déboutonne, donnant son tétin à son petit, ce qui eut été tenu à incivilité à quelque autre ; mais elle le faisait avec tant de grâce et de naïveté, comme toutes ses actions en étaient accompagnées, qu'elle en reçut autant de louanges que la compagnie de plaisir.

Les tables levées, le bal commença en la salle même où nous étions, qui était grande et belle, où étant assises l'une auprès de l'autre, je lui dis qu'encore que le conten-

---

(*) Vêtement en général.
(**) Tuyau.

tement que je recevais lors en cette compagnie se pût mettre au nombre de ceux qui m'en avaient plus fait ressentir, que je souhaitais presque ne l'avoir point reçu, pour le déplaisir que je recevrai en la quittant, et voyant que la fortune nous tiendrait pour jamais privées du plaisir de nous voir ensemble ; que je tenais pour un des malheurs de ma vie que le ciel ne nous eût fait naître elle et moi d'une même patrie ; ce que je disais pour la faire entrer aux discours qui pouvaient servir au dessein de mon frère. Elle me répondit : « Ce pays a été autrefois de France, et à cause de cela, l'on y plaide encore en français, et cette affection naturelle n'est pas encore sortie du cœur de la plupart de nous. Pour moi, je n'ai plus autre chose en l'âme, depuis avoir eu cet honneur de vous voir. Ce pays a été autrefois affectionné à la maison d'Autriche ; mais cette affection nous a été arrachée en la mort du comte d'Egmont, de M. de Horne, de M. de Montigny [97], et des autres seigneurs qui furent lors défaits, qui étaient nos proches parents, et appartenant à la plupart de la noblesse de ce pays. Nous n'avons rien de plus odieux que la domination de ces Espagnols, et ne souhaitons rien tant que de nous délivrer de leur tyrannie ; et ne saurions toutefois comment y procéder, parce que ce pays est divisé à cause des différentes religions. Que si nous étions tous bien unis, nous aurions bientôt jeté l'Espagnol dehors ; mais cette division nous rend trop faibles. Que plût à Dieu qu'il prît envie au roi de France, votre frère, de r'acquérir ce pays, qui est sien d'ancienneté ! Nous lui tendrions tous les bras ».

Elle ne me disait ceci à l'improviste, mais prémédi-
tément, pour trouver du côté de la France quelque
remède à leurs maux. Moi, me voyant le chemin ouvert
à ce que je désirais, je lui répondis : « Le roi de France
mon frère n'est d'humeur pour entreprendre des guerres
étrangères, d'autant qu'il a en son royaume le parti des
huguenots, qui est si fort que cela l'empêchera toujours
de rien entreprendre dehors ; mais mon frère, M.
d'Alençon, qui ne doit rien en valeur, prudence et
bonté, aux rois mes père et frères, entendrait bien à
cette entreprise, et n'aurait moins de moyens que le roi
de France mon frère de vous y secourir. Il est nourri aux
armes, et estimé un des meilleurs capitaines de notre
temps ; étant même à cette heure commandant l'armée
du roi contre les huguenots, avec laquelle il a pris,
depuis que je suis partie, sur eux, une très forte ville
nommée Issoire, et quelques autres. Vous ne sauriez
appeler prince de qui le secours vous soit plus utile,
pour vous être si voisin, et avoir un si grand royaume
que celui de France à sa dévotion ; duquel il peut tirer
hommes et moyens, et toutes commodités nécessaires à
cette guerre. Et, s'il recevait le bon office de M. le comte
votre mari, vous vous pouvez assurer qu'il aurait telle
part à sa fortune qu'il voudrait : mon frère étant d'un
naturel doux, non ingrat, qui ne se plaît qu'à reconnaître un service ou un bon office reçu. Il honore et
chérit les gens d'honneur et de valeur : aussi est-il suivi
de tout ce qui est de meilleur en France. Je crois que
l'on traitera bientôt d'une paix en France avec les
huguenots, et qu'à mon retour en France je la pourrai
trouver faite ; si M. le comte votre mari est en ceci de

même opinion que vous et de même volonté, qu'il avise s'il veut que j'y dispose mon frère, et je m'assure que ce pays, et votre maison en particulier, en recevra toute félicité. Que si mon frère s'établissait par votre moyen ici, vous pouvez croire que vous m'y reverriez souvent, étant notre amitié telle qu'il n'y en eut jamais, de frère à sœur, si parfaite. » Elle reçut avec beaucoup de contentement cette ouverture, et me dit qu'elle ne m'avait pas parlé de cette façon à l'aventure ; mais voyant l'honneur que je lui faisais de l'aimer, elle avait bien résolu de ne me laisser partir de là qu'elle ne me découvrît l'état auquel ils étaient, et qu'ils ne me requissent de leur apporter du côté de France quelque remède, pour les affranchir de la crainte où ils vivaient de se voir en une perpétuelle guerre, ou réduits sous la tyrannie espagnole ; me priant que je trouvasse bon qu'elle découvrît à son mari tous les propos que nous avions eus, et qu'ils m'en pussent parler le lendemain tous deux ensemble, ce que je trouvai très bon. Nous passâmes cette après-dînée en tels discours, et en tous autres que je pensais servir à ce dessein ; à quoi je voyais qu'elle prenait un grand plaisir.

Le bal étant fini, nous allâmes ouïr vêpres aux chanoinesses, en leur église appelée Sainte-Vaudrude, qui est un ordre de religieuses, que nous n'avons point en France. Ce sont toutes demoiselles, que l'on y met petites, pour faire profiter leur mariage jusqu'à ce qu'elles soient en âge de se marier. Elles ne logent pas en dortoirs, mais en maisons séparées, toutefois toutes dans un enclos, comme les chanoines ; et en chaque maison il y en a trois, quatre, cinq ou six jeunes avec une vieille, desquelles vieilles il y en a quelque nombre qui ne se marient point, ni aussi l'abbesse. Elles portent seulement l'habit de religion le matin, au service de l'église, et l'après-dînée à vêpres ; et dès que le service est fait, elles quittent l'habit, et s'habillent comme les autres filles à marier, allant par les festins et par les bals librement comme les autres : de sorte qu'elles s'habillent quatre fois le jour. Elles se trouvèrent tous les jours au festin et au bal, et y dansèrent d'ordinaire.

Il tardait à la comtesse de Lalaing que le soir ne fut venu, pour faire entendre à son mari le bon commencement qu'elle avait donné à leurs affaires. Ce qu'ayant fait la nuit suivante, le lendemain elle m'amena son mari, qui me fit un grand discours des justes raisons qu'il avait de s'affranchir de la tyrannie de l'Espagnol (en quoi il ne pensait point entreprendre contre son prince naturel, sachant que la souveraineté de Flandre appartenait au roi de France). Il me représenta les moyens qu'il y avait d'établir mon frère en Flandre, ayant tout le Hainaut à sa dévotion, qui s'étendait jusque bien près de Bruxelles. Il n'était en peine que du Cambrésis, qui était entre la Flandre et le Hainaut, et me dit qu'il serait bon de gagner M. d'Inchy, qui était encore là avec moi. Je ne lui voulus découvrir la parole que j'en avais ; mais je lui dis que je le priais lui-même de s'y employer, ce qu'il pourrait mieux faire que moi, étant son voisin et ami. L'ayant donc assuré de l'état qu'il pourrait faire de l'amitié et bienveillance de mon frère, à la fortune duquel il participerait autant de grandeur et d'autorité qu'un si grand et si signalé service reçu d'une personne de sa qualité le méritait, nous résolûmes qu'à mon retour je m'arrêterais chez moi, à La Fère, où mon frère viendrait, et que là M. de Montigny, frère du comte de Lalaing, viendrait traiter avec mon frère de cette affaire.

Pendant que je fus là, je le confirmai et fortifiai toujours en cette volonté, à quoi sa femme apportait non moins d'affection que moi. Et le jour venu qu'il me fallut partir de cette belle compagnie de Mons, ce ne fut pas sans réciproque regret, et de toutes les dames flamandes et de moi, et surtout de la comtesse de Lalaing, pour l'amitié très grande qu'elle m'avait vouée ; et elle me fit promettre qu'à mon retour je passerais par là. Je lui donnai un carcan de pierreries ; et à son mari, un cordon et enseigne de pierreries qui furent estimés de grande valeur, mais beaucoup chéris d'eux, pour partir de la main d'une personne qu'ils aimaient comme moi. Toutes les dames demeurèrent là, fors Mme d'Havrech, qui vint à Namur, où j'allais coucher ce jour-là. Son mari [98] et son beau-frère, M. le duc d'Arschot [99], y étaient, y ayant toujours demeuré depuis la paix entre le roi d'Espagne et les États de Flandre ; car bien qu'ils fussent du parti des États, le duc d'Arschot était un vieux courtisan des plus galants qui fussent de la cour du roi Philippe, du temps qu'il était en Flandre et en Angleterre, et se plaisait toujours à la cour auprès des grands.

Le comte de Lalaing, avec toute la noblesse, me conduisit le plus avant qu'il put, bien deux lieues hors de son gouvernement, et jusqu'à tant que l'on vit paraître la troupe de don Juan. Lors il prit congé de moi, parce que, comme j'ai dit, ils ne se voyaient point. M. d'Inchy seulement vint avec moi, parce que son maître, l'évêque de Cambrai, était du parti d'Espagne. Cette belle et grande troupe s'en étant retournée, ayant fait peu de chemin, je trouvai don Juan d'Autriche accompagné de force estaffiers, mais seulement de vingt ou trente chevaux, ayant avec lui de ses seigneurs : le duc d'Arschot, M. d'Havrech, le marquis de Varembon [100], et le jeune Balançon [101], gouverneur pour le roi d'Espagne du comté de Bourgogne, qui, galants et honnêtes hommes, étaient venus en poste pour se trouver là à mon passage. Des domestiques de don Juan, il n'y avait de nom et de haut rang qu'un Ludovic de Gonzague, qui se disait parent du duc de Mantoue. Le reste était de petites gens de mauvaise mine, n'y ayant nulle noblesse de Flandre. Il mit pied à terre pour me saluer dans ma litière, qui était relevée et toute ouverte : je le saluai à la française, lui, le duc d'Arschot, et M. d'Havrech. Après quelques honnêtes paroles, il remonta à cheval, parlant toujours à moi jusqu'à la ville, où nous ne pûmes arriver qu'il ne fut soir, pour ne m'avoir les dames de Mons permis de partir que le plus tard qu'elles purent ; m'ayant même amusée dans ma litière, plus d'une heure à la considérer, prenant un extrême plaisir à se faire donner l'intelligence des devises. L'ordre toutefois fut si beau à Namur (comme les Espagnols sont excellents en cela), et la ville si éclairée, que les fenêtres et boutiques étant pleines de lumières, l'on voyait luire un nouveau jour.

Ce soir-là don Juan fit servir et moi et mes gens dans les logis et les chambres, estimant qu'après une longue journée il n'était raisonnable de nous incommoder d'aller à un festin. La maison où il me logea était accommodée pour me recevoir ; où l'on avait trouvé moyen d'y faire une belle et grande salle, et un appartement pour moi de chambres et de cabinets, le tout tendu des plus beaux, riches et superbes meubles que je pense jamais avoir vu : étant toutes les tapisseries de velours ou de satin, faites avec des grosses colonnes faites de toile d'argent, couvertes de broderies de gros cordons et de godrons (*) de broderies d'or, élevés de la plus riche et belle façon qui se put voir ; et, au milieu de ces colonnes, de grands personnages habillés à l'antique et faits de la même broderie. M. le cardinal de Lenoncourt, qui avait l'esprit curieux et délicat, s'étant rendu familier du duc d'Arschot, vieux courtisan, comme j'ai dit, d'humeur galante et belle, tout l'honneur certes de la troupe de don Juan, considérant, un jour que nous fûmes là, ces magnifiques et superbes meubles, lui dit : « Ces meubles me semblent plutôt d'un grand roi, que d'un jeune prince à marier tel qu'est don Juan. » Le duc d'Arschot lui répondit : « Aussi ont-ils été faits de fortune, non de prévoyance ni d'abondance, les étoffes lui ayant été envoyées par un pacha du grand seigneur, duquel, en la notable victoire qu'il eut contre le Turc, il avait eu pour prisonnier les enfants ; et le seigneur don Juan lui ayant fait courtoisie de les lui renvoyer sans rançon, le pacha, en retour, lui fit présent d'un grand nombre d'étoffes de soie, d'or, et d'argent, qui lui arrivant, étant à Milan, où l'on agence mieux telle chose, il en fit faire les tapisseries que vous voyez ; et pour la souvenance de la glorieuse façon de quoi il les avait

_____

(*) Gros plis ronds et empesés.

acquises, il fit faire le lit et la tente de la chambre de la reine en broderie des batailles navales, représentant la glorieuse victoire qu'il avait gagnée sur les Turcs.

Le matin étant venu, don Juan nous fit ouïr une messe à la façon d'Espagne, avec musique, violons et cornets ; et allant de là au festin de la grande salle, nous dinâmes, lui et moi, seuls en une table : la table du festin où étaient les dames et seigneurs éloignée de trois pas de la nôtre, où Mme d'Havrech faisait l'honneur de la maison pour don Juan, lui se faisant donner à boire, à genoux, par Ludovic de Gonzague. Les tables levées, le bal commença, qui dura toute l'après-dînée. Le soir se passe de cette façon, don Juan parlant toujours à moi, et me disant souvent qu'il voyait en moi la ressemblance de la reine sa signora, qui était la feue reine ma sœur, qu'il avait beaucoup honorée, me témoignant, par tout l'honneur et courtoisie qu'il pouvait faire à moi et à toute ma troupe, qu'il recevait très grand plaisir de me voir là. Les bateaux où je devais aller par la rivière de Meuse jusqu'à Liège ne pouvant être sitôt prêts, je fus contrainte de séjourner le lendemain, où, ayant passé toute la matinée comme le jour de devant, l'après-dînée, nous mettant dans un très beau bateau sur la rivière, environné d'autres bateaux pleins de hautbois, cornets et violons, nous abordâmes en une île, où don Juan avait fait apprêter le festin dans une belle salle faite de lierre, accommodée de cabinets autour remplis de musique de hautbois et autres instruments, qui dura tout le long du souper. Les tables levées, le bal ayant duré quelque heure, nous nous en retournâmes dans le même bateau qui nous avait conduit jusque là ; et lequel don Juan m'avait fait préparer pour mon voyage.

Le matin, voulant partir, don Juan m'accompagna jusque dans le bateau, et, après un honnête et courtois adieu, il me donna pour m'accompagner jusqu'à Huy, où j'allais coucher, première ville de l'évêque de Liège, M. et Mme d'Havrech. Don Juan sorti, M. d'Inchy, qui demeura là le dernier dans le bateau, et n'avait congé de son maître de me conduire plus loin, prend congé de moi avec autant de regrets que de protestations d'être à jamais serviteur de mon frère et de moi.

La fortune envieuse et traître ne pouvant supporter la gloire d'une si heureuse fortune qui m'avait accompagnée jusque-là en ce voyage, me donna deux sinistres augures des empêchements que, pour contenter son envie, elle me préparait à mon retour : dont le premier fut que, soudain que le bateau commença à s'éloigner du bord, Mlle de Tournon, fille de Mme de Tournon, ma dame d'honneur, demoiselle très vertueuse, et accompagnée des grâces que j'aimais fort, prit un mal si étrange que tout soudain il la mit aux hauts cris par la violente douleur qu'elle ressentait, qui provenait d'un serrement de cœur qui fut tel, que les médecins n'eurent jamais moyen d'empêcher que, peu de jours après que je fus arrivée à Liège, la mort ne la ravit. J'en dirai la funeste histoire en son lieu, pour être remarquable. L'autre est, qu'arrivant à Huy, ville située sur le penchant d'une montagne, dont les plus bas logis mouillaient le pied dans l'eau, il se déchaîna un torrent si impétueux, descendant des ravages d'eau de la montagne en la rivière, que la grossissant tout d'un coup, comme notre bateau abordait, nous n'eûmes presque le loisir de sauter à terre, et de courir tant que nous pûmes pour gagner le haut de la montagne, que la rivière fut aussi-tôt que nous à la plus haute rue, auprès de mon logis qui était le plus haut ; où il fallut nous contenter ce soir-là de ce que le maître de la maison pouvait avoir, n'ayant moyen de pouvoir tirer des bateaux ni mes gens, ni mes hardes, ni moins d'aller par la ville, qui était comme submergée dans ce déluge, duquel elle ne fut avec moins de merveille délivrée que saisie ; car, au point du jour, l'eau était toute retirée et remise en son lieu naturel.

Partant de là, M. et Mme d'Havrech s'en retournèrent à Namur trouver don Juan ; et moi, je me remis dans mon bateau pour aller ce jour-là coucher à Liège, où l'évêque [102] qui en est seigneur me reçut avec tout l'honneur et démonstration de bonne volonté qu'une personne courtoise et bien affectionnée peut témoigner. C'était un seigneur accompagné de beaucoup de vertus, de prudence, et de bonté, et qui parlait bien français ; agréable de sa personne, honorable, magnifique et de compagnie fort agréable ; accompagné d'un chapitre et plusieurs chanoines, tous fils de ducs, comtes, et de grands seigneurs d'Allemagne, parce que cet évêché, qui est un état souverain de grand revenu, d'assez grande étendue, rempli de beaucoup de bonnes villes, s'obtient par élection, et qu'il faut qu'ils demeurent un an résidants, et qu'ils soient nobles pour y être reçus chanoines. La ville est plus grande que Lyon, et est presque en même situation, la rivière de Meuse passant au milieu ; très bien bâtie, n'y ayant maison de chanoine qui ne paraisse un beau palais ; les rues grandes et larges ; les places belles, accompagnées de très belles fontaines ; les églises ornées de tant de marbre (qui se tire près de là), qu'elles en paraissent toutes ; les horloges faites avec l'industrie d'Allemagne, chantant et représentant toute sorte de musique et de personnages. L'évêque m'ayant reçu sortant de mon bateau, me conduisit en son plus beau palais, très magnifique, d'où il s'était délogé pour me loger ; qui est, pour une maison de ville, le plus beau et le plus commode qui se puisse voir, accompagné de très belles fontaines, et de plusieurs jardins et galeries ; le tout tant peint, tant doré, et accommodé avec tant de marbre, qu'il n'y a rien de plus magnifique et de plus délicieux.

Les eaux de Spa n'étant qu'à trois ou quatre lieues de là, et n'y ayant auprès qu'un petit village de trois ou quatre petites maisons, Mme la princesse de La Roche-sur-Yon fut conseillée par les médecins de demeurer à Liège, et d'y faire apporter son eau, l'assurant qu'elle aurait autant de force et de vertu étant apportée la nuit, avant que le soleil fut levé. De quoi je fus fort aise, pour faire notre séjour en lieu plus commode et en si bonne compagnie ; car outre celle de sa grâce (ainsi appelle-t-on l'évêque de Liège, comme on appelle un roi sa majesté, et un prince son altesse), le bruit ayant couru que je passais par là, plusieurs seigneurs et dames d'Allemagne y étaient venus pour me voir, et entre autres Mme la comtesse d'Aremberg [103] (qui est celle qui avait eu l'honneur de conduire la reine Elisabeth à ses noces à Mézières, lorsqu'elle vint épouser le roi Charles mon frère [104], et ma sœur aînée au roi d'Espagne son mari), femme qui était tenue en grande estime de l'impératrice, de l'empereur, et de tous les princes chrétiens ; sa sœur Mme Landgravine [105], Mme d'Aremberg sa fille [106], M. le comte d'Aremberg son fils [107], très honnête et galant homme, vive image de son père, qui amenant le secours d'Espagne au roi Charles mon frère, s'en retourna avec beaucoup d'honneur et de réputation.

Cette arrivée, toute pleine d'honneur et de joie, eût été encore plus agréable, sans le malheur qui arriva de la mort de Mlle de Tournon ; de qui l'histoire étant si remarquable, je ne puis omettre de la raconter, faisant cette digression à mon discours. Mme de Tournon, qui était lors ma dame d'honneur, avait plusieurs filles, desquelles l'aînée avait épousé M. de Balançon, gouverneur pour le roi d'Espagne au comté de Bourgogne ; et s'en allant à son ménage pria sa mère, Mme de Tournon, de lui bailler sa sœur, Mlle de Tournon, pour la faire vivre avec elle, et lui tenir compagnie en ce pays, où elle était éloignée de tous ses parents. Sa mère la lui accorde ; et y ayant demeuré quelques années en se faisant agréable et belle (car sa principale beauté était sa vertu et sa grâce), M. le marquis de Varembon, de qui j'ai parlé ci-devant, lequel était destiné à être d'église, demeurant avec son frère M. de Balançon dans la même maison, devint, par l'ordinaire fréquentation qu'il avait avec Mlle de Tournon, fort amoureux d'elle ; et, n'étant point obligé à l'église, il désire l'épouser. Il en parle aux parents d'elle et de lui. Ceux du côté d'elle le trouvèrent bon ; mais son frère M. de Balançon, estimant plus utile qu'il fût d'église, fait tant qu'il empêche cela, s'opiniâtrant à lui faire prendre la robe longue. Mme de Tournon, très sage et très prudente femme, s'offensant de cela, ôta sa fille, Mlle de Tournon, d'avec sa sœur Mme de Balançon, et la prit avec elle ; et, comme elle était femme un peu terrible et rude, sans avoir égard que cette fille était grande et méritait un plus doux traitement, elle la gourmande et crie sans cesse, ne lui laissant presque jamais l'œil sec, bien qu'elle ne fit nulle action qui ne fut très louable ; mais c'était la sévérité naturelle de sa mère. Elle, ne souhaitant que de se voir hors de cette tyrannie, reçu une extrême joie quand elle vit que j'allais en Flandre, pensant bien que le marquis de Varembon s'y trouverait, comme il fit, et qu'étant alors en état de se marier, ayant quitter la robe longue, il la demanderait à sa mère, et que par le moyen de ce mariage elle se trouverait délivrée des rigueurs de sa mère. À Namur, le marquis de Varembon et le jeune Balançon son frère s'y trouvèrent, comme j'ai dit. Le jeune de Balançon qui n'était pas de beaucoup si agréable que l'autre, accoste cette fille, la recherche ; et le marquis de Varembon, tant que nous fûmes à Namur, ne fait pas seulement semblant de la connaître. Le dépit, le regret, l'ennui lui serre tellement le cœur (elle s'étant contrainte de faire bonne mine tant qu'il fût présent, sans montrer de s'en soucier), que sitôt qu'ils furent hors du bateau où ils nous dirent adieu, elle se trouve tellement saisie qu'elle ne peut plus respirer qu'en criant et avec des douleurs mortelles. N'ayant nulle autre cause de son mal, la jeunesse combat huit à dix jours la mort, qui, armée de dépit, se rend enfin victorieuse, la ravissant à sa mère et à moi, qui n'en fîmes moins de deuil l'une que l'autre ; car sa mère, bien qu'elle fût fort rude, l'aimait uniquement.

Ses funérailles étant commandées les plus honorables qu'il se pouvait faire, pour être de grande maison comme elle était, appartenant en plus à la reine ma mère, le jour venu de son enterrement, l'on ordonne quatre gentilshommes des miens, pour porter le corps ; l'un desquels était la Boessière, qui l'avait durant sa vie passionnément adorée sans le lui avoir osé découvrir, à cause de la vertu qu'il connaissait en elle et à cause de l'inégalité ; qui lors allait portant ce mortel faix, et mourant autant de fois de sa mort qu'il était mort de son amour. Ce funeste convoi étant au milieu de la rue qui allait à la grande église, le marquis de Varembon, coupable de ce triste accident, quelques jours après mon départ de Namur, s'étant repenti de sa cruauté, et son ancienne flamme s'étant de nouveau rallumée (ô étrange fait !) par l'absence, qui, par la présence, n'avait pu être émue, se résout de la venir demander à sa mère ; se confiant, que je crois, en la bonne fortune qui l'accompagne d'être aimé de toutes celles qu'il recherche, comme il a paru depuis peu en une grande, qu'il a épousée contre la volonté de ses parents ; et se promettant que sa faute lui serait aisément pardonnée de sa maîtresse, répétant souvent ces mots italiens : *Che la forza d'amore non risguarda al delitto*, prie don Juan de lui donner une commission pour moi, et venant en diligence, arrive justement sur le point que ce corps, aussi malheureux qu'innocent et glorieux en sa virginité, était au milieu de cette rue. La presse de cette pompe l'empêche de passer. Il regarde ce que c'est. Il avise de loin, au milieu d'une grande et triste troupe de personnes en deuil, un drap blanc couvert de chapeaux de fleurs. Il demande que c'est : quelqu'un de la ville lui répond que c'était un enterrement. Lui, trop curieux, s'avance jusqu'aux premiers du convoi, et importunément les presse de lui dire qui c'est. O mortelle réponse ! L'amour, ainsi vengeur de l'ingrate inconstance, veut faire éprouver à son âme ce que par son dédaigneux oubli il a fait souffrir au corps de sa maîtresse, les traits de la mort. Cet ignorant, qu'il pressait, lui répond que c'est le corps de Mlle de Tournon. À ce mot, il se pâme et tombe de cheval. Il le faut emporter en un logis comme mort, voulant plus justement, en cette extrémité, lui rendre l'union en la mort que trop tard en la vie il lui avait accordée. Son âme, que je crois, allant dans le tombeau requérir le pardon de celle que son dédaigneux oubli y avait mise, le laissa quelque temps sans aucune apparence de vie ; et étant revenu, elle l'anima de nouveau pour lui faire éprouver la mort qui une seule fois n'eut assez puni son ingratitude. (108)

Ce triste office étant achevé, me voyant en une compagnie étrangère, je ne voulais l'ennuyer de la tristesse que je ressentais de la perte d'une si honnête fille ; et étant conviée ou par l'évêque (dit sa « grâce »), ou par ses chanoines d'aller en festin en diverses maisons et divers jardins (comme il y en a dans la ville et dehors de très beaux), j'y allai tous les jours, accompagnée de l'évêque, dames et seigneurs étrangers, comme j'ai dit ; lesquels venaient tous les matins en ma chambre pour m'accompagner au jardin où j'allais prendre mon eau ; car il faut la prendre en se promenant. Et bien que le médecin qui me l'avait ordonnée était mon frère, elle ne laissa toutefois de me faire du bien, ayant depuis demeuré six ou sept ans sans me sentir de l'érésipèle de mon bras. Partant de là, nous passions la journée ensemble, allant dîner à quelque festin où, après le bal, nous allions à vêpres en quelque couvent ; et l'après-souper se passait de même au bal ou dessus l'eau avec la musique. Six semaines s'écoulèrent de la façon, qui est le temps ordinaire que l'on a accoutumé de prendre les eaux, et qui était ordonné à Mme la princesse de La Roche-sur-Yon.

Voulant partir pour retourner en France, Mme d'Havrech arriva, qui s'en allait retrouver son mari en Lorraine, qui nous dit l'étrange changement qui était arrivé à Namur et en tout ce pays-là, depuis mon passage ; que le jour même que je partis de Namur, don Juan, sortant de mon bateau et montant à cheval, prenant prétexte de vouloir aller à la chasse, passa devant la porte du château de Namur, lequel il ne tenait encore ; et feignant par occasion, s'étant trouvé devant la porte, de vouloir entrer pour le voir, s'en était saisi, et en avait tiré le capitaine que les États y tenaient, contre la convention qu'il avait avec les États, et en outre s'était saisi du duc d'Arschot, de M. d'Havrech et d'elle ; que toutefois, après plusieurs remontrances et prières, il avait laissé aller son beau-frère et son mari, la retenant, elle, jusqu'alors pour lui servir d'otage de leur mauvaise conduite ; que tout le pays était en feu et en armes. Il y avait trois partis : celui des États, qui étaient les catholiques de Flandre ; celui du prince d'Orange et des huguenots, qui n'étaient qu'un, et celui d'Espagne, où commandait don Juan. Me voyant tellement embarquée qu'il fallait que je passasse entre les mains des uns et des autres, et mon frère m'ayant envoyé un gentilhomme nommé Lescar, par lequel il m'écrivait que, depuis mon départ de la cour, Dieu lui avait fait la grâce de si bien servir le roi en sa charge de l'armée qui lui avait été commise, qu'il avait pris toutes les villes qu'il lui avait commandé d'attaquer, et chassé tous les huguenots de toutes les provinces pour lesquelles son armée était destinée ; qu'il était revenu à la cour à Poitiers, où le roi était pendant le siège de Brouage, pour être plus près pour secourir l'armée de M. de Mayenne de ce qui lui serait nécessaire ; que comme la cour est un Protée qui change de forme à toute heure, y arrivant tous les jours des nouvelletés, il l'avait trouvée toute changée ; que l'on y avait fait pas plus d'état de lui que s'il n'eût rien fait pour le service du roi ; que Bussy, à qui le roi faisait bonne figure avant que partir, et qui avait servi le roi en cette guerre de sa personne et de ses amis, jusqu'à y avoir perdu son frère à l'assaut d'Issoire, était aussi défavorisé et persécuté de l'envie qu'il avait été du temps de Le Guast ; que l'on leur faisait tous les jours, à l'un et à l'autre, des indignités ; que les mignons [109], qui étaient auprès du roi, avaient fait des menées auprès de quatre ou cinq des plus honnêtes hommes qu'il eût, qui étaient Maugiron, La Valette, Mauléon, Livarrot [110], et quelques autres, pour quitter son service et se mettre à celui du roi ; que le roi se repentait fort de m'avoir permis de faire ce voyage de Flandre, et que l'on tâchait, à mon retour, en haine de lui, de me faire prendre ou par les Espagnols (les ayant avertis de ce

que je traitais en Flandre pour lui), ou par les huguenots, pour se venger du mal qu'ils avaient reçu de lui,
leur ayant fait la guerre après l'avoir assisté.

Tout ce que dessus considéré ne me donnait peu à
penser, voyant que non seulement il fallait que je passasse ou entre les uns ou entre les autres, mais que
même les principaux de ma compagnie étaient affec-
tionnés ou aux Espagnols ou aux huguenots, M. le cardinal de Lenoncourt ayant autrefois été soupçonné de
favoriser le parti des huguenots ; et M. d'Escars, duquel
M. l'évêque de Lisieux était frère [111], ayant aussi été
quelque fois suspect d'avoir le cœur espagnol. En ces
doutes pleins de contrariétés, je ne m'en pus communiquer qu'à Mme la princesse de la Roche-sur-Yon et à
Mme de Tournon, qui, connaissant le danger où nous
étions, et voyant qu'il nous fallait faire cinq ou six journées jusqu'à La Fère, passant toujours à la miséricorde
des uns ou des autres, me répondent la larme à l'œil
que Dieu seul nous pouvait sauver de ce danger ; que
je me recommandasse bien à lui, et puis que je fisse ce
qu'il m'inspirerait ; que pour elles, encore que l'une fut
malade et l'autre vieille, je ne craignisse à faire de longues traites ; et qu'elles s'accommoderaient à tout pour
me tirer de ce hasard. J'en parlai à l'évêque de Liège,
qui me servit certes de père, et me donna son grand
maître avec ses chevaux, pour me conduire aussi loin
que je voudrais. Et comme il nous était nécessaire
d'avoir un passeport du prince d'Orange [112], j'y envoyai
Mondoucet, en qui il pouvait avoir confiance, et qui se
sentait un peu de cette religion. Il ne revint point : je
l'attends deux ou trois jours, et je crois que si je l'eusse

attendu, j'y fusse encore. Étant toujours conseillée de M. le cardinal de Lenoncourt et du chevalier Salviati, mon premier écuyer, qui étaient d'une même cabale, de ne partir point sans avoir passeport, et voyant qu'on me dressait quelque autre chose de bien contraire, je me résolus de partir le lendemain matin. Eux voyant que sur ce prétexte, on ne me pouvait plus arrêter, le chevalier Salviati, en intelligence avec mon trésorier, qui était aussi couvertement huguenot, lui fait dire qu'il n'avait point d'argent pour payer les hôtes (chose qui était entièrement fausse ; car étant arrivée à La Fère, je voulus voir le compte, et il se trouva, de l'argent que l'on avait pris pour faire le voyage, de reste encore pour faire aller ma maison plus de six semaines), et fait que l'on retînt mes chevaux, me faisant avec le danger cet affront public. Mme la princesse de La Roche-sur-Yon, ne pouvant supporter cette indignité, et voyant le hasard où l'on me mettait, prête l'argent qui était néces-saire ; et eux demeurant confus, je passe, après avoir fait présent à M. l'évêque d'un diamant de trois mille écus, et à ses serviteurs de chaînes d'or ou de bagues, et vins coucher à Huy, n'ayant pour passeport que l'es-pérance que j'avais en Dieu.

Cette ville était, comme j'ai dit, des terres de l'évêque de Liège, mais toutefois tumultueuse et mutine (comme tous ces peuples-là se sentaient de la révolte générale des Pays-Bas), et ne reconnaissait plus son évêque, à cause qu'il vivait neutre, et elle tenait le parti des États. De sorte que, sans reconnaître le grand maître de l'évêque de Liège, qui était avec nous, étant avertis que don Juan s'était saisi du château de Namur sur mon pas-

sage, soudain que nous fûmes logés, ils sonnent le tocsin et traînent l'artillerie par les rues, et les barils contre
mon logis ; tendant les chaînes, afin que nous ne nous
puissions joindre ensemble, nous tenant toute la nuit en
ces altérations sans avoir moyen de parler à aucun
d'eux, étant tout petit peuple, gens brutaux et sans raison. Le matin ils nous laissèrent sortir, ayant bordé toute
la rue de gens armés. Nous allâmes de là coucher à
Dinan, où par malheur ils avaient fait ce jour même les
bourgmestres, qui sont comme consuls en Gascogne et
échevins en France. Tout y était ce jour-là en débauche ;
tout le monde ivre ; point de magistrats connus ; bref
un vrai chaos de confusion. Et pour y empirer davantage notre condition, le grand maître de l'évêque de
Liège leur avait fait autrefois la guerre, et était tenu
d'eux pour mortel ennemi.

Cette ville, quand ils sont en leur sens rassis, tenait
pour les États ; mais lors, Bacchus y dominant, ils ne
tenaient pas pour eux-mêmes, et ne reconnaissaient
personne. Soudain qu'ils nous voient approcher les fau-
bourgs avec une troupe grande comme était la mienne,
les voilà alarmés. Ils quittent les verres pour courir aux
armes et, tout en tumulte, au lieu de nous ouvrir, ils
ferment la barrière. J'avais envoyé un gentilhomme
devant, avec les fourriers et maréchal des logis, pour les
prier de nous donner passage ; mais je les trouvai tous
arrêtés là, qui criaient sans être entendus. Enfin je me
lève debout dans ma litière, et, ôtant mon masque (*), je

(*) En voyage, les femmes portaient un masque pour se protéger le visage.

fais signe au plus haut placé que je veux lui parler ; et étant venu à moi, je le priai de faire silence, afin que je pusse être entendue. Ce qu'étant fait avec toute peine, je leur représente qui j'étais, et l'occasion de mon voyage ; que tant s'en faut que je leur voulusse apporter du mal par ma venue, que je ne voudrais pas seulement leur donner de soupçon ; que je les priais de me laisser entrer, moi et mes femmes et si peu de gens qu'ils voudraient pour cette nuit, et que le reste ils le laissassent dans le faubourg. Ils se contentent de cette proposition et me l'accordent.

Ainsi j'entrai dans leur ville avec les plus apparents de ma troupe, du nombre desquels fut le grand maître de l'évêque de Liège ; qui, par malheur, fut reconnu comme j'entrais en mon logis, accompagnée de tout ce peuple ivre et armé. Lors ils commencent à lui crier injures et à vouloir charger ce bon homme, qui était un vieillard vénérable de quatre-vingts ans, ayant la barbe blanche jusqu'à la ceinture. Je le fis entrer dedans mon logis, où ces ivrognes faisaient pleuvoir les arquebusades contre les murailles, qui n'étaient que de terre. Voyant ce tumulte, je demandai si l'hôte de la maison n'était point là-dedans. Il s'y trouve de bonne fortune. Je le prie qu'il se mette à la fenêtre, et qu'il me fasse parler aux plus apparents, ce qu'à toute peine il veut faire. Enfin ayant assez crié par les fenêtres, les bourgmestres viennent me parler, si saouls qu'ils ne savaient ce qu'ils disaient. Enfin leur assurant que je n'avais point su que ce grand maître fût leur ennemi, leur remontrant de quelle importance il leur était d'offenser une personne de ma qualité, qui était amie de tous les

principaux seigneurs des États, et que je m'assurais que
M. le comte de Lalaing et tous les autres chefs trouveraient fort mauvaise la réception qu'ils m'avaient faite ;
oyant nommer M. de Lalaing, ils changèrent tous, et lui
portèrent tous plus de respect qu'à tous les rois à qui
j'appartenais. Le plus vieil d'entre eux me demande, en
souriant et bégayant, si j'étais donc amie de M. le comte
de Lalaing ; et moi, voyant que sa parenté me servait
plus que celle de tous les potentats de la chrétienté, je
lui réponds : « Oui, je suis son amie et sa parente aussi. »
Lors ils me font la révérence et me baisent la main, et
m'offrent autant de courtoisie qu'ils m'avaient fait d'in-
solence, me priant de les excuser, et me promettant
qu'ils ne demanderaient rien à ce bon homme le grand
maître, et qu'ils le laisseraient sortir avec moi.

Le matin venu, comme je voulais aller à la messe,
l'agent que le roi tenait auprès de don Juan, nommé Du
Bois, lequel était fort Espagnol, arrive, me disant qu'il
avait des lettres du roi pour me venir trouver et me
conduire sûrement à mon retour ; qu'à cette fin, il avait
prié don Juan de lui donner Barlemont avec une troupe
de cavalerie pour me faire escorte et me mener sûrement à Namur, et qu'il fallait que je priasse ceux de la
ville de laisser entrer M. de Barlemont, qui était seigneur
du pays, et sa troupe, afin qu'il me pût conduire ; ce
qu'ils faisaient à double fin : l'une, pour se saisir de la
ville pour don Juan, et l'autre pour me faire tomber
entre les mains des Espagnols. Je me trouvai lors en fort
grande peine. Le communiquant à M. le cardinal de
Lenoncourt, qui n'avait pas envie de tomber entre les
mains de l'Espagnol non plus que moi, nous avisâmes

qu'il fallait savoir de ceux de la ville s'il y avait quelque chemin par lequel je pusse éviter cette troupe de M. de Barlemont ; et donnant ce petit agent, nommé Du Bois, à amuser à M. de Lenoncourt, je passe en une autre chambre, où je fais venir ceux de la ville, et leur fais connaître que, s'ils laissaient entrer la troupe de M. de Barlemont, ils étaient perdus, parce qu'ils se saisiraient de la ville pour don Juan ; que je les conseillais de s'armer, et se tenir prêts à leur porte, montrant contenance de gens avertis, et qui ne se veulent laisser surprendre ; qu'ils laissassent entrer seulement M. de Barlemont, et rien davantage.

Leur vin du jour précédent étant passé, ils prirent bien mes raisons et me crurent, m'offrant d'employer leurs vies pour mon service, et me donnant un guide pour me mener par un chemin auquel je mettrais la rivière entre les troupes de don Juan et moi, et les laisserais si loin qu'ils ne me pourraient plus atteindre, allant toujours par maisons ou villes tenant le parti des États. Ayant pris cette résolution avec eux, je les envoie faire entrer M. de Barlemont tout seul, lequel, étant entré, leur veut persuader de laisser entrer sa troupe. Mais oyant cela, ils se mutinent de sorte que peu s'en fallut qu'ils ne le massacrassent, lui disant que, s'il ne la faisait retirer hors de la vue de leur ville, ils y feraient tirer l'artillerie ; ce qu'ils faisaient afin de me donner temps de passer l'eau avant que cette troupe me pût atteindre. M. de Barlemont étant entré, lui et l'agent Du Bois font ce qu'ils peuvent pour me persuader d'aller à Namur où don Juan m'attendait. Je fais mine de vouloir faire ce qu'on me conseillait, et, après avoir ouï la messe et fait un dîner court, je sors de mon logis accompagnée de deux ou trois cents de la ville en armes, et parlant toujours à M. de Barlemont et à l'agent Du Bois, je prends mon chemin droit à la porte de la rivière, qui était le contraire du chemin de Namur, sur lequel était la troupe de M. de Barlemont. Eux s'en avisant, me dirent que je n'allais pas bien, et moi, les menant toujours de paroles, j'arrivai à la porte de la ville ; de laquelle sortant, accompagnée d'une bonne partie de ceux de la ville, je double le pas vers la rivière et monte dans le bateau, y faisant promptement entrer tous les miens ; M. de Barlemont et l'agent Du Bois me criant toujours du bord de l'eau que je ne faisais pas bien, que ce n'était point l'intention du roi, qui voulait que je passasse par Namur. Nonobstant leurs crieries, nous passons promptement l'eau, et pendant que l'on passait, à deux ou trois voyages, nos litières et nos chevaux, ceux de la ville, exprès pour me donner temps, amusent par mille crieries et mille plaintes M. de Barlemont et l'agent Du Bois, cherchant à les persuader en leur patois du tort que don Juan avait d'avoir faussé sa foi aux États et rompu la paix, et sur les vieilles querelles de la mort du comte d'Egmont, et le menaçant toujours que si sa troupe paraissait auprès de la ville, ils feraient tirer l'artillerie. Ils me donnèrent temps de m'éloigner, en telle sorte que je n'avais plus à craindre cette troupe, guidée de Dieu et de l'homme qu'ils m'avaient baillé.

Je logeai ce soir-là en un château fort, nommé Fleurines [113], qui était à un gentilhomme qui tenait le parti des États, et lequel j'avais vu avec le comte de Lalaing. Le malheur fut tel que le dit gentilhomme ne s'y trouva point et n'y avait que sa femme. Et comme nous étions entrés dans la basse-cour, la trouvant toute ouverte, elle prit l'alarme et s'enfuit dans son donjon, levant le pont, résolue, quoi que nous lui puissions dire, de ne nous point laisser entrer. Cependant trois cents gentilshommes, que don Juan avait envoyés pour nous couper chemin, et pour se saisir du dit château de Fleurines, sachant que j'y allais loger, paraissent sur un petit haut à mille pas de là ; et, estimant que nous fussions entrés dans le donjon, ayant pu connaître de là que nous étions tous entrés dans la cour, firent halte, et se logèrent dans un village près de là, espérant de m'attraper le lendemain matin.

Comme nous étions en ces avaries, pour ne nous voir que dedans la cour, qui n'était fermée que d'une méchante muraille, et d'une méchante porte qui eut été bien aisée à forcer, disputant toujours avec la dame du château inexorable à nos prières, Dieu nous fit cette grâce que son mari, M. de Fleurines, y arriva à nuit tombante ; lequel aussitôt nous fit entrer dans son château, se courrouçant fort à sa femme de l'indiscrète incivilité qu'elle avait montrée. Le dit sieur de Fleurines nous venait trouver de la part du comte de Lalaing, pour me faire sûrement passer par les villes des États, ne pouvant quitter l'armée des États, de laquelle il était chef, pour me venir accompagner. Cette bonne rencontre fut si heureuse que, le maître de la maison s'offrant de m'accompagner jusqu'en France, nous ne passâmes plus par aucune ville où je ne fusse honorablement et paisiblement reçue, parce que c'était pays des États ; y recevant ce seul déplaisir que je ne pouvais repasser à Mons, comme j'avais promis à la comtesse de Lalaing, et n'en approchai pas plus près que de Nivelles, qui était à sept grandes lieues de là ; qui fut cause, la guerre étant si forte comme elle était, que nous ne nous pûmes voir, elle et moi, ni aussi M. le comte de Lalaing, qui était, comme j'ai dit, en l'armée des États vers Anvers. Je lui écrivis seulement de là, par un homme de ce gentilhomme qui me conduisait. Elle, me sachant là, m'envoie aussitôt deux des gentilshommes les plus considérables qui fussent demeurés là, pour me conduire jusqu'à la frontière de France (car j'avais à passer tout le Cambrésis, qui était mi-parti pour l'Espagnol et pour les États) ; avec lesquels j'allai loger au Château Cambrésis, d'où eux s'en retournant, je lui envoyai pour se souvenir de moi une robe des miennes que je lui avais ouï fort estimer quand je la portais à Mons, qui était de satin noir toute couverte de broderie de canon, qui avait coûté huit ou neuf cents écus.

Arrivant au Château Cambrésis, j'eus avis que quelques troupes huguenotes avaient dessein de m'attaquer entre la frontière de Flandre et de France ; ce que n'ayant communiqué qu'à peu de personnes, une heure avant le jour je fus prête. Envoyant quérir nos litières et chevaux pour partir, le chevalier Salviati faisait le long, comme il avait fait à Liège. Ce que connaissant qu'il faisait à dessein, je laisse ma litière, et montant à cheval, ceux qui furent les premiers prêts me suivirent ; de sorte que je fus au Châtelet à dix heures du matin, ayant par la grâce de Dieu, échappé à toutes les embûches et aguets de mes ennemis. De là allant chez moi à La Fère[114], pour y séjourner jusqu'à tant que je saurais la paix être faite, j'y trouvai arrivé avant moi un courrier de mon frère, qui avait charge de m'attendre pour, aussitôt que je serais arrivée, retourner en poste et l'en avertir. Il écrivait par lui que la paix était faite, et que le roi s'en retournait à Paris ; que pour lui, sa condition allait toujours en empirant, n'y ayant sorte de défaveurs et d'indignités que l'on ne fît tous les jours éprouver et à lui et aux siens, et que ce n'était tous les jours que querelles nouvelles, que l'on suscitait à Bussy et aux honnêtes gens qui étaient avec lui ; ce qui lui faisait attendre avec extrême impatience mon retour à La Fère, pour m'y venir trouver. Je lui redépêchai aussitôt son homme, par lequel, averti de mon retour, il envoya immédiatement Bussy avec toute sa maison à Angers ; et prenant seulement quinze ou vingt hommes des siens s'en vint en poste me trouver chez moi à La Fère, qui fut un des grands contentements que j'aie jamais reçu, de voir une personne chez moi que j'aimais et honorais tant ; où je me mis en peine de lui donner tous les plaisirs que je pensais lui pouvoir rendre ce séjour agréable : ce qui était si bien reçu de lui, qu'il eut volontiers dit comme saint Pierre : « Faisons ici nos tabernacles », si le courage tout royal qu'il avait et la générosité de son âme ne l'eussent appelé à choses plus grandes. La tranquillité de notre cour, au prix de l'agitation de l'autre d'où il venait, lui rendait tous les plaisirs qu'il y recevait si doux, qu'à toute heure il ne se pouvait empêcher de me dire : « O ! ma reine, qu'il fait bon avec vous ! Mon Dieu, cette compagnie est un paradis comblé de toutes sortes de délices, et celle d'où je suis parti, un enfer rempli de toutes sortes de furies et tourments. »

Nous passâmes près de deux mois, qui ne nous furent que deux petits jours, en cet heureux état ; durant lequel, lui ayant rendu compte de ce que j'avais fait pour lui en mon voyage de Flandre, et des termes où j'avais mis ses affaires, il trouve fort bon que M. le comte de Montigny, frère du comte de Lalaing, vînt résoudre avec lui des moyens qu'il y fallait tenir, et pour prendre aussi assurance de leur volonté, et eux de la sienne.

Il y vint accompagné de quatre ou cinq des principaux seigneurs du Hainaut, l'un desquels avait lettre et charge de M. d'Inchy d'offrir son service à mon frère, et l'assurer de la citadelle de Cambrai. M. de Montigny lui portait parole, de la part de son frère le comte de Lalaing, de lui remettre entre ses mains tout le Hainaut et l'Artois, où il y a plusieurs bonnes villes. Ces offres et ces assurances reçues de mon frère, il les renvoya avec des présents de médailles d'or, où la figure de lui et de moi était, et leur assurant les accroissements et bienfaits qu'ils pouvaient espérer de lui ; de sorte que s'en retournant, ils préparèrent toutes choses pour la venue de mon frère, qui, décidant d'avoir ses forces prêtes dans peu de temps pour y aller, s'en retourne à la cour, pour tâcher de tirer des commodités du roi pour fournir à cette entreprise. Moi, voulant faire mon voyage de Gascogne, et ayant préparé toutes choses pour cet effet, je m'en retournai à Paris, où arrivant, mon frère me vint trouver à une journée de Paris ; où le roi et la reine ma mère, et la reine Louise, avec toute la cour, me firent cet honneur de venir au devant de moi jusqu'à Saint-Denis, qui était ma dînée, où ils me reçurent avec beaucoup d'honneur et de bonne chère, se plaisant à me faire raconter les honneurs et magnificences de mon voyage et séjour de Liège, et les aventures de mon retour. En ces agréables entretiens, étant tous dans le chariot de la reine ma mère, nous arrivâmes à Paris, où après avoir soupé et le bal étant fini, le roi et la reine ma mère étant ensemble, je m'approche d'eux, et leur dis que je les suppliais ne trouver mauvais si je les requérais de juger bon que j'allasse trouver le roi mon mari ; que la paix étant faite, c'était chose qui ne leur pouvait être suspecte, et qu'il me serait préjudiciable et mal séant si je demeurais davantage à y aller. Ils montrent tous deux de le trouver très bon, et de louer la volonté que j'en avais ; et la reine ma mère me dit qu'elle voulait m'y accompagner, son voyage étant aussi nécessaire en ce pays-là pour le service du roi, auquel elle dit aussi qu'il fallait qu'il me donnât des moyens pour mon voyage : ce que le roi librement m'accorda. Et moi ne voulant rien laisser en arrière qui me put faire revenir à la cour (ne m'y pouvant plus plaire lorsque mon frère en serait dehors, que je voyais se préparer pour s'en aller bientôt en son entreprise de Flandre), je suppliai la reine ma mère de se souvenir de ce qu'elle m'avait promis, à la paix avec mon frère : qu'avant que je partisse pour m'en aller en Gascogne, elle me ferait donner des terres pour l'assignat de mon dot. Elle s'en ressouvient, et le roi le trouve très raisonnable, et me promet qu'il serait fait. Je le supplie que ce soit promptement, parce que je désirais partir, s'il lui plaisait, au commencement du mois prochain : ce qui fut ainsi arrêté, mais à la façon de la cour ; car au lieu de me dépêcher, bien que tous les jours je les en sollicitasse, ils me firent traîner cinq ou six mois, et mon frère de même, qui pressait aussi son voyage de Flandre, représentant au roi que c'était l'honneur et l'accroissement de la France ; que ce serait une invention pour empêcher la guerre civile, tous les esprits remuants et désireux de nouveauté ayant le moyen d'aller en Flandre passer leur fumée et se saouler de la guerre ; que cette entreprise servirait aussi, comme le Piémont, d'école à la noblesse de France pour s'exercer aux armes, et y faire revivre des Monlucs et Brissacs, des Termes et des Bellegardes [115], tels que ces grands maréchaux qui, s'étant façonnés aux guerres du Piémont, avaient depuis si glorieusement et heureusement servi le roi et leur patrie.

[1578]. Ces remontrances étaient belles et véritables ; mais elles n'avaient tant de poids qu'elles pussent emporter en la balance l'envie que l'on portait à l'accroissement de la fortune de mon frère, auquel l'on donna tous les jours de nouveaux empêchements, pour le retarder d'assembler ses forces et les moyens qui lui étaient nécessaires pour aller en Flandre ; lui faisant cependant (à lui, à Bussy et à ses autres serviteurs, mille indignités, et faisant commencer plusieurs querelles à Bussy, tantôt par Quélus, tantôt par Grammont [116], de jour, de nuit et à toutes heures, estimant qu'à quelqu'une de ces alertes mon frère se précipiterait : ce qui se faisait sans le su du roi. Mais Maugiron qui le possédait lors, et qui, ayant quitté le service de mon frère, croyait qu'il s'en dût ressentir (ainsi qu'il est ordinaire que qui offense ne pardonne jamais), haïssait mon frère d'une telle haine, qu'il conjurait sa ruine en toutes façons, le bravant et méprisant sans respect : comme l'imprudence d'une telle jeunesse, enflée de la faveur du roi, le poussait à faire toutes insolences, s'étant ligué avec Quélus, Saint-Luc, Saint-Mégrin [117], Grammont, Mauléon, Livarrot, et quelques autres jeunes gens que le roi favorisait : qui, suivis de toute la cour, à la façon des courtisans qui ne suivent que la faveur, entreprenaient toutes les choses qui leur venaient en fantaisie, quelles qu'elles fussent. De sorte qu'il ne se passait jour qu'il n'y eût nouvelle querelle entre eux et Bussy, de qui le courage ne pouvait céder à nul. Mon frère, considérant que ces choses n'étaient pas pour avancer son voyage de Flandre, désirant plutôt adoucir le roi que l'aigrir, pour l'avoir favorable en son entreprise, estimant aussi que Bussy étant dehors avancerait davantage de dresser les troupes nécessaires pour son armée, il l'envoie par ses terres pour y donner ordre. Mais Bussy étant parti, la persécution de mon frère ne cessa pour cela, et connut-on alors qu'encore que les belles qualités qu'il avait apportassent beaucoup de jalousie à Maugiron et à ces autres jeunes gens qui étaient près du roi, que la principale cause de leur haine contre Bussy était qu'il était serviteur de mon frère ; car, depuis qu'il fut parti, ils bravent et narguent mon frère avec tant de mépris et si apparemment, que tout le monde le savait, encore que mon frère fût fort prudent et très patient de son naturel, et qu'il eût résolu de souffrir toutes choses pour faire ses affaires en son entreprise de Flandre, espérant par ce moyen en sortir bientôt, et ne s'y rendre jamais plus sujet.

Cette persécution et ces indignités lui furent toutefois fort ennuyeuses et honteuses, d'autant qu'il vit qu'en haine de lui l'on tâchait de nuire en toutes façons à ses serviteurs ; ayant depuis peu de jours fait perdre un grand procès à M. de La Châtre [118], parce que depuis peu il s'était rendu serviteur de mon frère, le roi s'étant tellement laissé emporter aux persuasions de Maugiron et de Saint-Luc, qui étaient amis de Mme de Senetaire [119], qu'il avait lui-même été solliciter ce procès pour elle contre M. de La Châtre, qui était lors auprès de mon frère ; qui, s'en sentant offensé, comme l'on peut penser, faisait participer mon frère à sa juste douleur.

En ces jours-là, le mariage de Saint-Luc se fit [120], auquel mon frère ne voulant assister, me pria aussi d'en faire de même ; et la reine ma mère, qui ne se plaisait guère à l'excessive outrecuidance de ces jeunes gens, craignant aussi que tout ce jour serait en joie et en débauche, et que, mon frère n'ayant voulu être de la partie, l'on lui en dressât quelqu'une qui lui fut préjudiciable, fit trouver bon au roi qu'elle allât le jour des noces dîner à Saint-Maur, et nous y mena mon frère et moi ; c'était le lundi gras. Nous revînmes le soir, la reine ma mère ayant tellement prêché mon frère qu'elle le fit consentir de paraître et se trouver au bal pour complaire au roi ; mais au lieu que cela amendât ses affaires, elles s'en empirèrent : car Maugiron et autres de sa cabale y étant, ils commencèrent à le gausser avec des paroles si piquantes qu'un moindre que lui s'en fût offensé ; lui disant qu'il avait bien perdu sa peine de s'être rhabillé ; que l'on ne l'avait point trouvé à dire l'après-dînée ;

qu'il était venu à l'heure des ténèbres, parce qu'elles lui étaient propres ; et l'attaquant à propos de sa laideur et petite taille. Tout cela se disait à la nouvelle mariée, qui était auprès de lui, si haut qu'il se pouvait entendre. Mon frère, connaissant que cela se faisait exprès pour le faire répondre, et le brouiller par ce moyen avec le roi, s'ôte de là, si plein de dépit et de colère qu'il n'en pouvait plus ; et, après en avoir conféré avec M. de La Châtre, il se résolut de s'en aller pour quelques jours à la chasse, pensant par son absence attiédir l'animosité de ces jeunes gens contre lui, et en faire plus aisément ses affaires avec le roi, pour la préparation de l'armée qui lui était nécessaire pour aller en Flandre. Il s'en va trouver la reine ma mère qui se déshabillait, lui dit ce qui s'était passé au bal, de quoi elle fut très marrie, et lui fait entendre la résolution que là-dessus il avait prise, qu'elle trouve très bonne, et lui promet de la faire agréer au roi, et, en son absence, de le solliciter de lui fournir promptement ce qu'il lui avait promis pour son entreprise de Flandre ; et M. de Villequier [121] étant là, elle lui commande d'aller faire entendre au roi le désir que mon frère avait d'aller pour quelques jours à la chasse, ce qui lui semblait qu'il serait bon, pour apaiser toutes les brouilleries qui étaient entre lui et ces jeunes gens, Maugiron, Saint-Luc, Quélus, et les autres.

Mon frère se retirant en sa chambre, tenant son congé pour obtenu, commande à tous ses gens d'être le lendemain prêts pour aller à la chasse à Saint-Germain, où il voulait demeurer quelques jours à courre le cerf, ordonne à son grand veneur que les chiens s'y trouvent, et se couche en cette intention de se lever le lendemain matin pour aller à la chasse soulager et divertir un peu son esprit des brouilleries de la cour. M. de Villequier cependant était allé, par le commandement de la reine ma mère, demander son congé au roi, qui d'abord lui accorda. Mais demeuré seul en son cabinet avec le conseil de Jéroboam [122], de cinq à six jeunes hommes, ils lui rendent ce départ fort suspect, et le mettent en telle appréhension qu'ils lui font faire une des plus grandes folies qui se soit faite de notre temps, qui fut de prendre mon frère et tous ses principaux serviteurs prisonniers. S'il fut imprudemment délibéré, il fut encore plus indiscrètement exécuté ; car le roi soudain, prenant sa robe de nuit, s'en alla trouver la reine ma mère, tout ému, comme en une alarme publique où l'ennemi eût été à la porte, lui disant : « Comment, madame, que pensez-vous m'avoir demandé de laisser aller mon frère ? Ne voyez-vous pas, s'il s'en va, le danger où vous mettrez mon État ? Sans doute sous cette chasse il y a quelque dangereuse entreprise. Je m'en vais me saisir de lui et de tous ses gens, et ferai chercher dans ses coffres : je suis sûr que nous découvrirons de grandes choses. » Et en même temps, ayant avec lui le sieur de Losses [123], capitaine des gardes, et quelques archets écossais…

La reine ma mère craignant qu'en cette précipitation il fît quelque tort à la vie de mon frère, le prie qu'elle aille avec lui et toute déshabillée comme elle était, s'accommodant comme elle put avec son manteau de nuit, le suit montant à la chambre de mon frère, où le roi frappe rudement, criant que l'on lui ouvrît, que c'était lui. Mon frère se réveille en sursaut, et sachant bien qu'il n'avait rien fait qui lui dut donner crainte, dit à Cangé, son valet de chambre, qu'il lui ouvrît la porte. Le roi entrant en cette furie, commença à le gourmander, et lui dire qu'il ne cesserait jamais d'entreprendre contre son État, et qu'il lui apprendrait ce que c'est que de s'attaquer à son roi. Sur cela il commande à ses archers d'emporter ses coffres hors de là, et de tirer ses valets de chambre hors de la chambre. Il fouille lui-même le lit de son frère, pour voir s'il y trouverait quelques papiers. Mon frère, ayant une lettre de Mme de Sauves, qu'il avait reçue ce soir-là, la prend à la main pour empêcher que l'on ne la vît. Le roi s'efforce de la lui ôter. Lui y résistant, et le priant à mains jointes de ne point la regarder, cela en donne plus d'envie au roi, croyant que ce papier serait assez suffisant pour faire le procès de mon frère. Enfin, l'ayant ouverte en la présence de la reine ma mère, ils restèrent aussi confus que Caton, quand ayant contraint César dans le sénat de montrer le papier qui lui avait été apporté, disant que c'était chose qui importait au bien de la république, il lui fit voir que c'était une lettre d'amour de la sœur du même Caton, adressée à César.

La honte de cette tromperie augmentant plutôt, par le dépit, la colère du roi que la diminuant, sans vouloir écouter mon frère, lequel demandait sans cesse de quoi on l'accusait, et pourquoi l'on le traitait ainsi, il le commet à la garde de M. de Losses et des Écossais, leur commandant de ne le laisser parler à personne. Cela se fit une heure environ après minuit. Mon frère demeura en cette façon étant plus en peine de moi que de lui, croyant bien que l'on m'en avait fait autant, et ne croyant pas qu'un si violent et si injuste commencement pût avoir autre qu'une sinistre fin. Et voyant que M. de Losses avait la larme à l'œil, de regret de voir passer les choses en cette sorte, et que toutefois, à cause des archers qui étaient là, il ne lui osait parler librement, il lui demande seulement ce qui était de moi. M. de Losses répond que l'on ne m'avait encore rien demandé. Mon frère lui répond : « Cela soulage beaucoup ma peine de savoir ma sœur libre ; mais encore qu'elle soit en cet état, je m'assure qu'elle m'aime tant, qu'elle aimera mieux être captive avec moi que de vivre libre sans moi » ; et il le pria d'aller supplier la reine ma mère qu'elle obtînt du roi que je demeurasse en sa captivité avec lui ; ce qui lui fut accordé.

Cette ferme croyance qu'il eut de la grandeur et fermeté de mon amitié me fut une obligation si particulière, bien que par ses bons offices il en eût acquis plusieurs grandes sur moi, que j'ai toujours mis celle-là au premier rang. Sitôt qu'il eut cette permission, qui fut sur le point du jour, il pria M. de Losses de m'envoyer un archer écossais qui était là, pour m'annoncer cette triste nouvelle, et me faire venir en sa chambre. Cet archet, entrant en la mienne, trouve que je dormais encore sans avoir rien su de tout ce qui s'était passé. Il ouvre mon rideau, et, en langage propre aux Écossais, me dit : « Bonjour madame, monsieur votre frère vous prie de le venir voir. » Je regarde cet homme, presque toute endormie, pensant rêver, et le reconnaissant, je lui demande s'il n'était pas un Écossais de la garde. Il me dit que oui ; et je lui répliquai : « Et qu'est-ce donc ? Mon frère n'a-t-il point d'autre messager que vous pour m'en-

voyer ? » Il me dit que non, que ses gens lui avaient été
ôtés, et me conta en son langage ce qui lui était advenu
la nuit, et que mon frère avait obtenu permission pour
moi de demeurer avec lui durant sa captivité. Et voyant
que je m'affligeais fort, il s'approcha de moi et me dit
tout bas : « Ne vous fâchez point : j'ai moyen de sauver
monsieur votre frère, et le ferai, n'en doutez point ; mais
il faudra que je m'en aille avec lui. » Je l'assurai de toute
la récompense qu'il pouvait espérer de nous, et me
hâtant de m'habiller, je m'en allai avec lui toute seule à
la chambre de mon frère. Il me fallait traverser toute la
cour, toute pleine de gens qui avaient accoutumé d'ac-
courir pour me voir et honorer. Lors chacun voyant,
comme courtisans, comme la fortune me tournait
visage, eux aussi ne firent pas semblant de m'aperce-
voir. Entrant en la chambre de mon frère, je le trouve
avec une si grande constance, qu'il n'avait rien changé
de sa façon, ni de sa tranquillité ordinaire. Me voyant, il
me dit en m'embrassant avec un visage plus joyeux que
triste : « Ma reine, cessez je vous prie vos larmes. En la
condition que je suis, votre ennui est la seule chose qui
me pourrait affliger ; car mon innocence et la droite
intention que j'ai eue m'empêchent de craindre toutes
les accusations de mes ennemis. Que si injustement l'on
veut faire tort à ma vie, ceux qui feront cette cruauté se
feront plus de tort qu'à moi, qui ai assez de courage et
de résolution pour mépriser une injuste mort. Aussi
n'est-ce ce que je redoute le plus, ma vie ayant été jusqu'ici accompagnée de tant de difficultés et de peines,
que, ne sachant ce qu'il en est des félicités de ce
monde, je ne dois avoir regret de les abandonner. La

seule appréhension que j'ai est que, ne me pouvant faire justement mourir, l'on me veuille faire languir en la solitude d'une longue prison, où encore je méprise-rai leur tyrannie, pourvu que vous me vouliez tant obli-ger de m'assister de votre présence. »

Ces paroles, au lieu d'arrêter mes larmes, me pensè-rent faire verser toute l'humeur de ma vie. Je lui réponds en sanglotant que ma vie et ma fortune étaient attachées à la sienne ; qu'il n'était en la puissance que de Dieu seul d'empêcher que je l'assistasse en quelque condition qu'il pût être ; que si on l'emmenait de là, et que l'on ne me permît d'être avec lui, je me tuerais en sa présence. Passant en ces discours quelques heures et recherchant ensemble la cause qui avait incité le roi de prendre une si cruelle et injuste aigreur contre lui, et ne nous la pouvant imaginer, l'heure vint de l'ouverture de la porte du château ; où un jeune homme importun, qui était à Bussy, étant reconnu par les gardes et arrêté, ils lui demandèrent où il allait. Lui, étonné et surpris, leur répond qu'il allait trouver son maître. Cette parole rap-portée au roi, l'on soupçonne qu'il est dans le Louvre, où l'après-dînée, revenant de Saint-Germain, mon frère l'avait fait entrer parmi la troupe pour conférer avec lui des affaires de l'armée qu'il faisait pour Flandre, ne pen-sant pas alors devoir partir si tôt de la cour, comme depuis inopinément il se résolut.

Le soir, sur les causes que j'ai dites, l'Archant [124], capitaine des gardes, ayant commandement du roi de le chercher, et de se saisir de lui et de Simier, s'il les pou-vait trouver, faisant cette perquisition à regret (pour être ami intime de Bussy, duquel il était appelé par alliance son père, et lui le nommait son fils), il monte à la chambre de Simier, où il se saisit de lui ; et se doutant bien que Bussy y était caché, il fait une légère recherche, étant bien aise de ne le pas trouver. Mais Bussy, qui était sur le lit, et qui voyait qu'il demeurait seul en cette chambre, craignant que la commission fût donnée à quelque autre avec lequel il ne serait en telle sûreté ; désirant plutôt être en la garde de l'Archant, qui était honnête homme et son ami ; comme il était d'une humeur gaillarde et bouffonne, à qui les dangers et hasards n'avaient jamais pu faire ressentir la peur ; comme l'Archant passait la porte pour s'en aller, emmenant Simier, il sort la tête du rideau et lui dit : « Hé quoi, mon père, comment ! vous en voulez vous ainsi aller sans moi ? N'estimez-vous pas ma conduite plus honorable que celle de ce pendart de Simier ? » L'Archant se tourna et lui dit : « Ah, mon fils, plût à Dieu qu'il m'eût coûté un bras et que vous ne fussiez pas ici. » Il lui répond : « Mon père, c'est signe que mes affaires se portent bien », allant toujours se gaussant de Simier, à cause de la tremblante peur où il le voyait. L'Archant les mit en une chambre avec gardes, et s'en alla prendre M. de La Châtre et le mener à la Bastille.

Pendant que toutes ces choses se faisaient, M. de Losses, un bon vieil homme, qui avait été gouverneur du roi mon mari, et qui m'aimait comme sa fille, ayant la garde de mon frère, connaissant l'injustice que l'on lui faisait, et détestant le mauvais conseil par lequel le roi se gouvernait, ayant envie de nous obliger tous deux, se résout de sauver mon frère ; et pour me découvrir son intention, commande aux archers écossais de se tenir sur l'escalier au dehors de la porte de mon frère, n'en retenant que deux avec soi, à qui il se fiait, et me tirant à part me dit : « Il n'y a bon Français à qui le cœur ne saigne de voir ce que nous voyons. J'ai été trop serviteur du roi votre père pour ne sacrifier ma vie pour ses enfants. Je crois que j'aurai la garde de monsieur votre frère en quelque lieu que l'on le tienne : assurez-le qu'au risque de ma vie je le sauverai ; mais afin que l'on ne s'aperçoive de mon intention, ne parlons plus ensemble ; mais soyez-en certaine. » Cette espérance me consolait un peu ; et reprenant mon esprit, je dis à mon frère que nous ne devions point demeurer en cette forme d'inquisition, sans savoir ce que nous avions fait ; que c'était à faire à des faquins d'être tenus ainsi. Je priai M. de Losses, puisque le roi ne voulait permettre que la reine ma mère montât, qu'il lui plût de nous faire savoir par quelqu'un des siens la cause de notre rétention. M. de Combaut [125], qui était chef du conseil des jeunes gens, nous fut envoyé, qui, avec sa gravité naturelle, nous dit qu'il était envoyé là pour savoir ce que nous voulions faire entendre au roi. Nous lui dîmes que nous désirions parler à quelqu'un du roi, pour savoir la raison de notre rétention ; que nous ne la pouvions imaginer. Il nous répond gravement qu'il ne fallait demander aux dieux et aux rois raison de leurs actes ; qu'ils faisaient tout à bonne et juste cause. Nous lui répondîmes que nous n'étions pas personnes pour être tenues comme ceux que l'on met à l'inquisition, à qui l'on fait deviner ce qu'ils ont fait. Nous n'en pûmes tirer autre chose, sinon qu'il s'emploierait pour nous, et qu'il nous y ferait tous les meilleurs offices qu'il pourrait. Mon frère se prit à rire ; mais moi qui étais toute convertie en douleur, pour voir en danger mon frère, que je chérissais plus que moi-même, j'eus beaucoup de peine à m'empêcher de lui parler comme il méritait. Pendant qu'il faisait son rapport au roi, la reine ma mère étant en sa chambre avec l'affliction que l'on peut penser, qui, comme personne très prudente, prévoyait bien que cet excès fait sans sujet ni raison pourrait, si mon frère n'avait le naturel bon, apporter beaucoup de malheur en ce royaume, envoya quérir tous les vieux du conseil, M. le chancelier [126], les princes, seigneurs et maréchaux de France, qui étaient tous merveilleusement scandalisés du mauvais conseil que l'on avait donné au roi, disant tous à la reine ma mère qu'elle s'y devait opposer, et remontrer au roi le tort qu'il se faisait ; qu'on ne pouvait empêcher que ce qui avait été fait jusqu'alors ne fût ; mais qu'il fallait rhabiller cela le mieux que l'on pourrait.

La reine ma mère va aussitôt trouver le roi avec tous ses ministres, qui lui remontrent de quelle imprudence étaient ces actes. Le roi, ayant les yeux dessillés du pernicieux conseil de ces jeunes gens, trouve bon ce que ces vieux seigneurs et conseillers lui représentent, et prie la reine ma mère de rhabiller cela, et faire que mon frère oubliât tout ce qui s'était passé, et qu'il n'en sût point mauvais gré à ces jeunes gens ; et que, par même moyen, la réconciliation de Bussy et de Quélus fut faite. Cela résolu, toutes les gardes furent aussitôt ôtées à mon frère, et la reine ma mère le venant trouver en sa chambre, lui dit qu'il devait louer Dieu de la grâce qu'il lui avait faite de le délivrer d'un si grand danger ; qu'elle avait vu l'heure qu'elle ne savait qu'espérer de sa vie ; que, puisqu'il connaissait pour cela que le roi était de telle humeur, qu'il s'offensait non seulement des actions, mais des imaginations, et qu'étant résolu en ses opinions, sans s'arrêter à aucun avis ni d'elle ni d'autre, il exécutait tout ce qui lui venait en fantaisie ; pour ne le jeter plus en ces aigreurs, cela le devait faire résoudre à s'accommoder en tout à sa volonté, et de venir trouver le roi, montrant ne se ressentir point de ce qui s'était passé contre sa personne, et ne s'en souvenir point. Nous lui répondîmes que nous avions grandement à louer Dieu de la grâce qu'il nous avait faite de nous garantir de l'injustice que l'on nous préparait, de quoi, après Dieu, nous reconnaissions lui en avoir, à elle, toute l'obligation ; mais que la qualité de mon frère ne permettait pas que l'on le pût mettre en prison sans sujet, et l'en tirer sans formalité de justification et satisfaction. La reine répond que les choses faites, Dieu même ne pourrait faire qu'elles ne fussent ; mais que l'on rhabillerait le désordre qui avait été à sa prise, en faisant sa délivrance avec tout l'honneur et satisfaction qu'il pourrait désirer ; qu'aussi il fallait qu'il contentât le roi en tout, lui parlant avec tel respect et avec telle affection à son service qu'il en demeurât content ; et qu'il fit outre cela que Bussy et Quélus s'accordassent de sorte qu'il ne restât rien qui les pût brouiller : avouant bien que le principal motif qui avait produit ce mauvais conseil et ces mauvais effets, avait été la crainte que l'on avait eu du combat que le vieux Bussy, digne père d'un si digne fils, avait demandé, suppliant le roi trouver bon qu'il secondât son fils le brave Bussy, et que M. de Quélus fut secondé du sien ; qu'eux quatre finiraient cette querelle, sans brouiller la cour comme elle avait été par cette querelle, ni mettre tant de gens en peine. Mon frère lui promit que Bussy, voyant qu'il n'y avait point d'espérance de se battre, ferait pour sortir de prison ce qu'elle commanderait. La reine ma mère, redescendant, fit trouver bon au roi de faire sa délivrance avec honneur. Et pour cet effet, il vint en la chambre de la reine ma mère, avec tous les princes, seigneurs, et autres conseillers de son conseil, et nous envoya quérir mon frère et moi par M. de Villequier ; où, comme nous allions trouver sa majesté, passant par les salles et chambres, nous les trouvâmes toutes pleines de gens qui nous regardaient la larme à l'œil, louant Dieu de nous voir hors de danger. Entrant dans la chambre de la reine ma mère, nous trouvâmes le roi avec cette compagnie que j'ai dit, qui voyant mon frère lui dit qu'il le priait de ne point trouver étrange et de ne s'offenser point de ce qu'il avait fait, poussé du zèle qu'il avait au repos de son État, et qu'il crût que ce n'avait point été avec intention de lui faire nul déplaisir. Mon frère lui répond qu'il devait et avait voué tant de service à sa majesté qu'il trouverait toujours bon tout ce qu'il lui plairait ; mais qu'il le suppliait très humblement de considérer que la dévotion et fidélité qu'il lui avait témoignées ne méritait pas un tel traitement ; toutefois qu'il n'en accusait que son malheur, et restait assez satisfait si le roi reconnaissait son innocence. Le roi lui répondit que oui, qu'il n'en était point en doute et qu'il le priait de faire autant d'état de son amitié qu'il avait jamais fait. Sur cela, la reine ma mère les prit tous deux et les fit embrasser.

Aussitôt le roi commanda que l'on fit venir Bussy pour le réconcilier avec Quélus, et que l'on mît en liberté Simier et M. de La Châtre. Bussy entrant dans la chambre, avec cette belle façon qui lui était naturelle, le roi lui dit qu'il voulait qu'il fit la paix avec Quélus, et qu'il ne se parlât plus de leur querelle, et lui commanda d'embrasser Quélus. Bussy lui répond : « Sire, s'il vous plaît que je le baise, j'y suis tout disposé », et, accommodant les gestes avec la parole, lui fit une embrassade à la Pantalonne ; de quoi toute la compagnie, bien qu'encore étonnée et saisie de ce qui s'était passé, ne se put empêcher de rire. Les plus avisés jugèrent que cette légère satisfaction, que recevait mon frère, n'était appareil suffisant à un si grand mal. Cela fait, le roi et la reine ma mère, s'approchant de moi, me dirent qu'il fallait que je tinsse la main à ce que mon frère ne conservât nulle souvenance qui le pût éloigner de l'obéissance et affection qu'il devait au roi. Je lui répondis que mon frère était si prudent et avait tant de dévotion à son service, qu'il n'avait besoin d'y être sollicité ni par moi ni par autre ; mais qu'il n'avait reçu et ne recevrait jamais autre conseil de moi que ce qui serait conforme à leur volonté et à son devoir.

Étant lors trois heures après-midi, que personne n'avait encore dîné, la reine ma mère voulut que nous dînassions tous ensemble ; puis commanda à mon frère et à moi d'aller changer nos habits, qui étaient convenables à la triste condition d'où nous étions présentement sortis, et nous aller parer pour nous trouver au souper du roi et au bal. Elle fut obéi pour les choses qui se pouvaient dévêtir et remettre ; mais pour le visage, qui est la vive image de l'âme, la passion du juste mécontentement que nous avions s'y lisait, aussi apparente qu'elle y avait été imprimée, avec la force et violence du dépit et juste dédain que nous ressentions par l'effet de tous les actes de cette tragi-comédie. Laquelle étant finie de cette façon, le chevalier de Seure [127], que la reine ma mère avait donné à mon frère pour coucher en sa chambre, et qu'elle prenait plaisir d'ouïr quelques fois causer, parce qu'il était d'humeur libre, et qui disait de bonne grâce ce qu'il voulait, tenant un peu de l'humeur d'un philosophe cynique, se trouvant devant elle, elle lui demande : « Et bien, M. de Seure, que dites vous de tout ceci ? — C'est trop peu, dit-il, pour faire à bon escient, et trop pour se jouer. » Et se tournant vers moi, sans qu'elle le pût entendre, me dit : « Je ne crois pas que ce soit ici le dernier acte de ce jeu ; cet homme (voulant parler de mon frère) me tromperait bien, s'il en demeurait là. »

Cette journée étant passée de cette façon, le mal ayant seulement été adouci par le dehors et non par le dedans, les jeunes gens qui possédaient le roi, jugeant le naturel de mon frère par le leur, et leur jugement peu expérimenté ne permettant pas qu'ils pussent juger ce que peut le devoir et l'amour de la patrie sur un prince si grand et si bien né qu'il était, persuadent le roi, pour toujours joindre leur cause à la sienne, que mon frère n'oublierait jamais l'affront public qu'il avait reçu, et s'en voudrait venger. Le roi, sans se souvenir de l'erreur que lui avaient fait commettre ces jeunes gens, reçoit aussitôt cette seconde impression, et commande aux capitaines des gardes que l'on prît soigneusement garde aux portes que mon frère ne sortît point, et que, tous les soirs, l'on fit sortir tous les gens de mon frère hors du Louvre, lui laissant seulement ce qui couchait d'ordinaire dans sa chambre ou dans sa garde-robe. Mon frère, se voyant traité de cette façon et être à la miséricorde de ces jeunes cervelles, qui, sans respect ni jugement, faisaient disposer de lui au roi comme il leur venait en fantaisie, craignant qu'il ne lui advint pis, et ayant l'exemple tout récent et de ce qui, sans motif ni raison, lui avait été fait, ayant supporté trois jours l'appréhension de ce danger, se résolut de s'ôter de là, pour se retirer chez lui, et ne revenir plus à la cour, mais avancer ses affaires le plus promptement qu'il pourrait pour s'en aller en Flandre. Il me communique cette volonté ; et voyant que c'était sa sûreté, et que le roi ni cet État n'en pouvaient recevoir de préjudice, je l'approuvai ; et en cherchant les moyens, voyant qu'il ne pouvait sortir par les portes du Louvre, qui étaient si curieusement gardées, que même l'on regardait tous ceux qui passaient au visage, il ne s'en trouve point d'autre que de sortir par la fenêtre de ma chambre, qui donnait sur le fossé, et était au second étage. Il me prie, pour cet effet, de faire provision d'un cable fort et de la longueur nécessaire. À quoi je pourvois aussitôt, faisant emporter le jour même, par un garçon qui m'était fidèle, une malle de luth qui était rompue, comme pour la faire raccoutrer ; et, à quelques heures de là, la rapportant, il y mit le cable qui nous était nécessaire.

L'heure du souper étant venue, qui était un jour maigre, que le roi ne soupait point, la reine ma mère soupa seule en sa petite salle, et moi avec elle. Mon frère, bien qu'il fut assez patient et discret en toutes ses actions, sollicité de la souvenance de l'affront qu'il avait reçu et du danger qui le menaçait, impatient de sortir, y vient comme je me lève de table, et me dit à l'oreille qu'il me priait de me hâter, et de venir tôt à ma chambre où il se trouverait. M. de Matignon [128], qui n'était encore maréchal, un dangereux et fin Normand, qui n'aimait point mon frère, en étant averti par quelqu'un qui peut-être n'avait pas bien tenu sa langue, ou le conjecturant sur la façon de quoi m'avait parlé mon frère, dit à la reine ma mère, comme elle entrait en sa chambre (ce que j'entr'ouïs presque, étant assez près d'elle et y prenant garde, et observant curieusement tout ce qui se passait, comme font ceux qui se trouvent en pareil état, et sur le point de leur délivrance sont agités de crainte et d'espérance), que sans doute mon frère s'en voulait aller ; que demain il ne serait plus là ; qu'il le savait très bien ; et qu'elle y mit ordre. Je vis qu'elle se troubla à cette nouvelle ; ce qui me donna encore plus d'appréhension que nous ne fussions découverts. Nous entrant en son cabinet, elle me tira à part, et me dit : « Avez-vous vu ce que Matignon m'a dit ? » Je lui dis : « Je ne l'ai pas entendu, madame, mais j'ai vu que c'était chose qui vous donnait peine. – Oui, dit-elle bien fort ; car vous savez que j'ai répondu au roi que votre frère ne s'en irait point ; et Matignon vient de me dire qu'il savait très bien qu'il ne sera demain ici. » Lors, me trouvant entre ces deux extrémités, ou de manquer à la fidélité que je devais à mon frère, et mettre sa vie en danger, ou de jurer contre la vérité (chose que je n'eusse voulu pour éviter mille morts), je me trouvai en si grande perplexité, que si Dieu ne m'eût assistée, ma façon eût assez témoigné, sans parler, ce que je craignais qui fut découvert. Mais comme Dieu assiste les bonnes intentions et que sa divine bonté opérait en cette œuvre pour sauver mon frère, je composai tellement mon visage et mes paroles, qu'elle ne put rien connaître que ce que je voulais, et que je n'offensai mon âme ni ma conscience par aucun faux serment. Je lui dis donc si elle ne connaissait pas bien la haine que M. de Matignon portait à mon frère ; que c'était un brouillon malicieux, qui avait regret de nous voir tous d'accord ; que lorsque mon frère s'en irait, j'en voulais répondre de ma vie ; que je m'assurais bien que ne m'ayant jamais rien celé, il m'eût communiqué son dessein, s'il eût eu cette volonté ; que, lorsque cela serait, je lui abandonnerais ma vie : ce que je disais, m'assurant bien que mon frère étant sauvé, l'on ne m'eût osé faire déplaisir ; et, au pis aller, quand nous eussions été découverts, j'aimais trop mieux engager ma vie que d'offenser mon âme par un faux serment, et mettre la vie de mon frère en péril. Elle, ne recherchant pas de près le sens de mes paroles, me dit : « Pensez bien à ce que vous dites : vous m'en serez caution ; vous m'en répondrez sur votre vie. » Je lui dis en souriant que c'était ce que je voulais ; et lui donnant le bonsoir, je m'en allai en ma chambre, où me déshabillant en diligence, et me mettant au lit pour me défaire de mes dames et filles, étant restée seule avec mes femmes de chambre, mon frère vint avec Simier et Cangé ; et me relevant, nous accommodâmes la corde avec un bâton, et ayant regardé dans le fossé s'il n'y avait personne, étant seulement aidée de trois de mes femmes qui couchaient en ma chambre, et du garçon de la chambre qui m'avait apporté la corde, nous descendons premièrement mon frère, qui riait et gaussait sans avoir aucune appréhension, bien qu'il y eût une très grande hauteur ; puis Simier, qui pâle et tremblant, ne se pouvait presque tenir de peur ; puis Cangé, son valet de chambre. Dieu conduisit si heureusement mon frère sans être découvert, qu'il se rendit à Sainte-Geneviève(129), où Bussy l'attendait, qui, du consentement de l'abbé, avait fait un trou à la muraille de la ville par lequel il sortit ; et trouvant là des chevaux tout prêts, il se retira à Angers sans aucune infortune. Comme nous descendions Cangé le dernier, il se lève un homme du fond du fossé, qui commence à courir vers le logis qui est auprès du jeu de paume, qui est le chemin où l'on va vers le corps de garde. Moi, qui en tout ce danger n'avais jamais appréhendé ce qui était de mon particulier, mais seulement la sûreté ou le danger de mon frère, je demeurai demi-pâmée de peur, croyant que ce fut quelqu'un qui, suivant l'avis de M. de Matignon, eût été mis là pour nous guetter. Estimant que mon frère fut pris, j'entrai en un désespoir qui ne se peut représenter que par l'expérience de choses semblables.

Étant en ces difficultés, mes femmes plus curieuses que moi de ma sûreté et de la leur, prennent la corde et la mettent au feu, afin qu'elle ne fût trouvée, si le malheur était si grand que cet homme qui s'était levé du fossé y eût été mis pour guetter. Cette corde, étant fort longue, fait une si grande flamme, que le feu se met dans la cheminée ; de façon que sortant par dessus le couvert et étant aperçu des archers qui étaient cette nuit-là de garde, ils viennent frapper effroyablement à ma porte, disant que l'on ouvrît promptement. Lors, bien que je pensasse à ce coup-là que mon frère fût pris, et que nous fussions tous deux perdus, ayant toujours néanmoins espéré en Dieu, qui me conservait le jugement entier, (grâce qu'il a plu à sa divine majesté de me faire en tous les dangers où je me suis trouvée), voyant que la corde n'était même pas à demi-brulée, je dis à mes femmes qu'elles allassent tout bellement à la porte demander ce qu'ils voulaient, parlant bas comme si j'eusse dormi ; ce qu'elles font, et les archers leur disent que c'était le feu qui était à ma cheminée, et qu'ils venaient pour l'éteindre. Mes femmes leur disent que ce n'était rien, et qu'elles l'éteindraient bien et qu'ils se gardassent bien de m'éveiller. Ils s'en revont. Cette alarme passée, à deux heures de là, voici M. de Losses qui me vient quérir pour aller trouver le roi et la reine ma mère, pour leur rendre raison de la sortie de mon frère, en ayant été averti par l'abbé de Sainte-Geneviève, qui, pour n'en être embrouillé, et du consentement même de mon frère, lorsqu'il vit qu'il était assez loin pour ne pouvoir être attrapé, en vint avertir le roi, disant qu'il l'avait surpris en sa maison, et que, l'ayant tenu enfermé jusqu'à ce qu'ils eussent fait leur trou, il n'avait pu plus tôt venir en avertir le roi.

Il me trouva au lit, car c'était la nuit, et me levant aussitôt avec mon manteau de nuit, une de mes femmes, indiscrète et effrayée, se prend à mon manteau en criant et pleurant, disant que je n'en reviendrais jamais. M. de Losses la repoussant, me dit tout bas : « Si cette femme avait fait ce trait devant une personne qui ne vous fut serviteur comme je suis, cela vous mettrait en peine ; mais ne craignez rien, et louez Dieu ; car monsieur votre frère est sauvé. » Ces paroles me furent un avertissement bien nécessaire pour me fortifier contre les menaces et intimidations que j'avais à souffrir du roi, que je trouvai assis au chevet du lit de la reine ma mère, en une telle colère que je crois qu'il me l'eût fait ressentir, si la crainte de l'absence de mon frère et la présence de la reine ma mère ne l'en eussent empêché. Ils me dirent tous deux ensemble que je leur avais dit que mon frère ne s'en irait point, et que je leur en avais répondu. Je leur dis que oui, mais qu'il m'avait trompé en cela comme eux ; que toutefois je leur répondais, à peine de ma vie, que son départ n'apporterait aucune altération au service du roi, et qu'il s'en allait seulement chez lui, pour donner ordre à ce qui lui était nécessaire pour son entreprise de Flandre. Cela adoucit un peu le roi, et il me laissa retourner en ma chambre.

Il eut bientôt des nouvelles de mon frère, qui l'assuraient de sa volonté, telle que je lui avais dit ; ce qui fit cesser la plainte, non le mécontentement, montrant en apparence d'y vouloir aider, mais empêchant en fait en sous-main les préparatifs de son armée pour la Flandre.

Le temps s'étant passé de cette façon, moi pressant à toute heure le roi de me vouloir permettre d'aller trouver le roi mon mari, lui voyant qu'il ne me le pouvait plus refuser, et ne voulant que je partisse mal satisfaite de lui ; désirant outre cela infiniment me séparer de l'amitié de mon frère, il m'oblige par toutes sortes de bienfaits : me donnant, suivant la promesse que la reine ma mère m'en avait faite à la paix de Sens, l'assignat de mon dot en terres, et outre cela la nomination des offices et bénéfices. Et outre la pension qu'il me donnait, telle que les filles de France ont accoutumé d'avoir, il m'en donna encore une de l'argent de ses coffres, prenant la peine de me venir voir tous les matins, et me représentant combien son amitié me pouvait être utile ; que celle de mon frère me causerait enfin ma ruine et que la sienne me pouvait faire vivre bien heureuse ; et mille autres raisons tendant à cette fin. En quoi jamais il ne put ébranler la fidélité que j'avais vouée à mon frère, et ne put tirer autre chose de moi, sinon que mon plus grand désir était de voir mon frère en sa bonne grâce ; qu'il me semblait qu'il n'avait pas mérité d'en être éloigné, et que je m'assurais qu'il s'efforcerait de s'en rendre digne par toutes sortes d'obéissance et de très humble service ; que pour moi, je me ressentais d'être obligée à lui de tant d'honneurs et de biens qu'il me faisait ; qu'il se pouvait bien assurer qu'étant auprès du roi mon mari, je ne manquerais nullement aux commandements qu'il lui plairait de me faire, et que je ne travaillerais à autre chose qu'à maintenir le roi mon mari en son obéissance.

Mon frère étant lors sur son départ pour la Flandre, la reine ma mère le voulut aller voir à Alençon avant qu'il partît. Je suppliai le roi de trouver bon que je l'accompagnasse pour lui dire adieu, ce qu'il me permit, bien qu'à regret. Revenus que nous fûmes d'Alençon, ayant toutes choses prêtes pour mon départ, je suppliai encore le roi de me laisser aller. La reine ma mère, qui avait aussi un voyage à faire en Gascogne pour le service du roi (ce pays-là ayant besoin de lui ou d'elle), elle se résolut que je n'irais pas sans elle. Et partant de Paris, le roi nous mena à son château d'Ollainville, où, après nous avoir traités quelques jours, nous prîmes congé de lui, et en peu de temps nous fûmes en Guyenne, où, dès que nous entrâmes dans le gouvernement du roi mon mari, l'on me fit entrée partout. Il vint au devant de la reine ma mère, jusqu'à La Réole, ville que ceux de la religion tenaient : la défiance qui était encore alors (le pays n'étant encore bien établi), ne lui ayant pu permettre de venir plus outre. Il y était très bien accompagné de tous les seigneurs et gentils-hommes de la religion de Gascogne, et de quelques catholiques. La reine ma mère pensait y demeurer peu de temps ; mais il survint tant d'accidents, et du côté des huguenots et du côté des catholiques, qu'elle fut contrainte d'y demeurer dix-huit mois ; et en étant fâchée, elle voulut quelquefois attribuer que cela se faisait artificieusement pour voir plus longtemps ses filles, parce que le roi mon mari était devenu fort amoureux de Dayelle [130], et M. de Turenne [131] de La Vergne [132] ; ce qui n'empêchait point que je ne reçusse beaucoup d'honneur et d'amitié du roi, qui m'en témoignait autant que j'en eusse pû désirer, m'ayant dès le premier jour conté tous les artifices que l'on lui avait faits pendant qu'il était à la cour pour nous mettre mal ensemble ; ce qu'il reconnaissait bien avoir été fait seulement pour rompre l'amitié de mon frère et de lui, et pour nous ruiner tous trois ; montrant avoir beaucoup de contentement que nous fussions ensemble.

Nous demeurâmes en cette heureuse condition tant que la reine ma mère fut en Gascogne ; laquelle après avoir établi la paix, changea le lieutenant du roi à la prière du roi mon mari, ôtant M. le marquis de Villars [133] pour y mettre M. le maréchal de Biron [134] ; elle passant en Languedoc nous la conduisîmes jusqu'à Castelnaudary, où prenant congé d'elle, nous nous en revînmes à Pau en Béarn, où, n'y ayant nul exercice de la religion catholique [135], l'on me permis seulement de faire dire la messe en une petite chapelle qui n'avait que trois ou quatre pas de long, qui, étant fort étroite, était pleine quand nous y étions sept ou huit.

[1579]. À l'heure que l'on voulait dire la messe, l'on levait le pont du château, de peur que les catholiques du pays, qui n'avaient nul exercice de religion, l'ouïssent ; car ils étaient infiniment désireux de pouvoir assister au saint sacrifice, de quoi ils étaient depuis plusieurs années privés ; et poussés de ce saint et juste désir, les habitants de Pau trouvèrent moyen le jour de la Pentecôte, avant que l'on levât le pont, d'entrer dans le château, se glissant dans la chapelle, où ils n'avaient point été découverts jusque sur la fin de la messe, qu'entrouvrant la porte pour laisser entrer quelqu'un de mes gens, quelques huguenots épiant à la porte les aperçurent, et l'allèrent dire au Pin [136], secrétaire du roi mon mari, (lequel possédait infiniment son maître, et avait grande autorité en sa maison, menant toutes les affaires de ceux de la religion) ; lequel y envoya des gardes du roi mon mari, qui, les tirant dehors et les battant en ma présence, les menèrent en prison, où ils furent longtemps, et payèrent une grosse amende. Cette indignité fut ressentie infiniment de moi, qui n'attendais rien de semblable. Je m'en allai plaindre au roi mon mari, le suppliant de faire relâcher ces pauvres catholiques, qui n'avaient point mérité un tel châtiment, pour avoir voulu, après avoir été si longtemps privés de l'exercice de notre religion, se prévaloir de ma venue pour rechercher le jour d'une si bonne fête d'ouïr ma messe. Le Pin se met en tiers, sans y être appelé, et, sans porter ce respect à son maître de le laisser répondre, prend la parole, et me dit que je ne rompisse point la tête au roi mon mari de cela, car, quoi que j'en pusse dire, il n'en serait fait autre chose ; qu'ils avaient bien mérité ce que l'on leur faisait, et que, malgré mes paroles, il n'en serait ni plus ni moins ; que je me contentasse que l'on me permettait de faire dire une messe pour moi, et pour ceux de mes gens que j'y voudrais mener. Ces paroles m'offensèrent beaucoup d'un homme de telle qualité, et je suppliai le roi mon mari, si j'étais si heureuse d'avoir quelque part en sa bonne grâce, de me faire connaître qu'il ressentait l'indignité qu'il me voyait recevoir par ce petit homme, et qu'il m'en fît raison. Le roi mon mari, voyant que je m'en passionnais justement, le fit sortir et ôter de devant moi, me disant qu'il était fort marri de l'indiscrétion de du Pin, et que c'était le zèle de sa religion qui l'avait transporté à cela ; mais qu'il m'en ferait telle raison que je voudrais ; que pour les prisonniers catholiques, il aviserait avec ses conseillers du parlement de Pau ce qui se pourrait faire pour me contenter. M'ayant ainsi parlé, il alla après en son cabinet, où il trouva le Pin, qui, après avoir parlé à lui, le changea tout ; de sorte que, craignant que je le requisse de lui donner congé, il me fuit et me fait la mine. Enfin, voyant que je m'opiniâtrais à vouloir qu'il choisit de du Pin ou de moi celui qui lui serait le plus agréable, tous ceux qui étaient là, et qui haïssaient du Pin, lui dirent qu'il ne me devait mécontenter pour un tel homme, qui m'avait tant offensée, que, si cela venait à la connaissance du roi et de la reine ma mère, ils trouveraient fort mauvais qu'il l'eût souffert et tenu près de lui ; ce qui le contraignit enfin de lui donner congé. Mais il ne laissa de continuer de me faire du mal et de m'en faire la mine, y étant, à ce qu'il m'a dit depuis, persuadé par M. de Pibrac [137], qui jouait au double : me disant à moi que je ne devais souffrir d'être bravée d'un homme de peu comme celui-là, et, quoi que ce fût, qu'il fallait que je le fisse chasser, et disant au roi mon mari qu'il n'y avait pas de raison que je le privasse du service d'un homme qui lui était si nécessaire ; ce que M. de Pibrac faisait pour me convier à force de déplaisirs de retourner en France, où il était attaché en son état de président et de conseiller au conseil du roi. Et pour empirer encore ma condition, depuis que Dayelle s'était éloignée, le roi mon mari s'était mis à rechercher Rebours [138], qui était une fille malicieuse, qui ne m'aimait point, et qui me faisait tous les plus mauvais offices qu'elle pouvait en son endroit.

En ces difficultés, ayant toujours recours à Dieu, il eut enfin pitié de mes larmes, et permit que nous partissions de ce petit Genève de Pau, où, de bonne fortune pour moi, Rebours y demeura malade ; laquelle le roi mon mari perdant des yeux, perdit aussi d'affection, et commença à s'embarquer avec Fosseuse [139], qui était plus belle, et pour lors toute enfant et toute bonne. Dressant notre chemin vers Montauban, nous passâmes par une petite ville nommée Eauze, où, la nuit que nous y arrivâmes, le roi mon mari tomba malade d'une grande fièvre continue, avec une extrême douleur de tête, qui lui dura dix-sept jours, durant lesquels il n'avait repos ni jour ni nuit, et le fallait perpétuellement changer de lit à l'autre, Je me rendis si sujette à le servir, ne me partant jamais d'auprès de lui, sans me déshabiller, qu'il commença d'avoir agréable mon service, et à s'en louer à tout le monde, et particulièrement à mon cousin M. de Turenne ; qui, me rendant office de bon parent [140], me remit aussi bien auprès de lui que j'y avais jamais été : félicité qui me dura l'espace de quatre ou cinq ans que je fus en Gascogne avec lui ; faisant la plupart de ce temps-là notre séjour à Nérac, où notre cour était si belle et si plaisante que nous n'enviions point celle de France ; y ayant Mme la princesse de Navarre sa sœur [141], qui depuis a été mariée à M. le duc de Bar mon neveu, et moi avec bon nombre de dames et filles ; et le roi mon mari étant suivi d'une belle troupe de seigneurs et gentilshommes, aussi honnêtes gens que les plus galants que j'aie vus à la cour, et n'y avait rien à regretter en eux sinon qu'ils étaient huguenots. Mais de cette diversité de religion il ne s'en oyait point parler : le roi mon mari et Mme la princesse sa sœur allant d'un côté au prêche, et moi et mon train à la messe, en une chapelle qui est dans le parc ; d'où, comme je sortais, nous nous rassemblions pour nous aller promener ensemble, ou en un très beau jardin qui a des allées de lauriers et de cyprès fort longues, ou dans le parc que j'avais fait faire, en des allées de trois mille pas au long de la rivière ; et le reste de la journée se passait en toutes sortes de plaisirs honnêtes, le bal se tenant d'ordinaire l'après-dînée et le soir.

Durant tout ce temps-là le roi servait Fosseuse, qui, dépendant entièrement de moi, se maintenait avec tant d'honneur et de vertu, que, si elle eût toujours continué de cette façon, elle ne fut tombée au malheur qui depuis lui en a tant apporté et à moi aussi. Mais la fortune, envieuse d'une si heureuse vie qui semblait, en la tranquillité et union où nous nous maintenions, mépriser sa puissance, comme si nous n'eussions été sujets à sa mutabilité, excita, pour nous troubler, un nouveau sujet de guerre entre le roi mon mari et les catholiques ; rendant le roi mon mari et M. le maréchal de Biron (qui avait été mis en cette charge de lieutenant du roi en Guyenne à la requête des hùguenots), tant ennemis, que, quoi que je pusse faire pour les maintenir bien ensemble, le roi mon mari et lui, je ne pus empêcher qu'ils ne vinssent à une extrême défiance et haine, commençant à se plaindre l'un de l'autre au roi : le roi mon mari demandant que l'on lui ôtât M. le maréchal de Biron de Guyenne, et M. le maréchal taxant mon mari et ceux de la religion prétendue d'entreprendre plusieurs choses contre le traité de la paix.

[1580]. Ce commencement de désunion s'allant toujours accroissant, à mon grand regret, sans que j'y pusse remédier, M. le maréchal de Biron conseille au roi de venir en Guyenne, disant que sa présence y apporterait de l'ordre. De quoi les huguenots étant avertis, ils crurent que le roi y venait seulement pour les désemparer de leurs villes et s'en saisir ; ce qui les fit se décider à prendre les armes, qui était tout ce que je craignais, moi étant embarquée à courre la fortune du roi mon mari, et par conséquent me voir en un parti contraire à celui du roi et à celui de ma religion. J'en parlai au roi mon mari, pour l'en empêcher, et à tous ceux de son conseil, leur remontrant combien peu avantageuse leur serait cette guerre, où ils avaient un chef contraire, tel que M. le maréchal de Biron, grand capitaine et fort animé contre eux, qui ne les feindrait ni ne les épargnerait comme avaient fait d'autres ; que si la puissance du roi était employée contre eux, avec intention de les exterminer tous, ils n'étaient pas pour y résister. Mais la crainte qu'ils avaient de la venue du roi en Guyenne, et l'espérance de plusieurs entreprises qu'ils avaient sur la plupart des villes de Gascogne et de Languedoc les y poussait tellement, qu'encore que le roi mon mari me fit cet honneur d'avoir beaucoup plus de créance et de fiance en moi, et que les principaux de la religion réformée m'estimassent avoir quelque jugement, je ne pus pourtant les persuader de ce que bientôt après ils reconnurent à leurs dépens être vrai. Il fallut laisser passer ce torrent, qui ralentit bientôt son cours, quand ils vinrent à l'expérience de ce que je leur avais prédit.

Longtemps avant que l'on vint à ces termes, voyant que les choses s'y disposaient, j'en avais souvent averti le roi et la reine ma mère, pour y remédier en donnant quelque contentement au roi mon mari ; mais ils n'en avaient tenu compte, et il semblait qu'ils fussent bien aises que les choses en vinssent là, étant persuadés par feu le maréchal de Biron qu'il avait moyen de réduire les huguenots aussi bas qu'il voudrait. Mes avis négligés, peu à peu les aigreurs vont augmentant, de sorte qu'ils en viennent aux armes. Mais ceux de la religion prétendue réformée s'étant de beaucoup mécomptés aux forces qu'ils faisaient état de mettre ensemble, le roi mon mari se trouve plus faible que le maréchal de Biron ; toutes leurs entreprises étant même faillies, fors celle de Cahors, qu'ils prirent par pétards avec perte de beaucoup de gens, pour la raison que M. de Vezins [142] y avait combattu l'espace de deux ou trois jours, leur ayant disputé rue après rue et maison après maison ; où le roi mon mari fit paraître sa prudence et valeur, non comme prince de sa qualité, mais comme un prudent et hasardeux capitaine. Cette prise les affaiblit plus qu'elle ne les fortifia. Le maréchal de Biron prenant son temps, tint la campagne, attaquant et emportant toutes les petites villes qui tenaient pour les huguenots, mettant tout au fil de l'épée.

Dès le commencement de cette guerre, voyant que l'honneur que le roi mon mari me faisait de m'aimer me commandait de ne l'abandonner, je me résolus de courre sa fortune ; non sans extrême regret de voir que le motif de cette guerre fut tel, que je ne pouvais souhaiter l'avantage de l'un ou de l'autre que je ne souhaitasse mon dommage ; car, si les huguenots avaient le dessus, c'était la ruine de la religion catholique, de quoi j'affectionnais la conservation plus que ma propre vie.

Si aussi les catholiques avaient l'avantage sur les huguenots, je voyais la ruine du roi mon mari. Retenue néanmoins auprès de lui par mon devoir et par l'amitié et la
confiance qu'il lui plaisait de me montrer, j'écrivis au roi
et à la reine ma mère l'état en quoi je voyais les affaires
de ce pays-là, pour en avoir été négligés les avis que je
leur en avais donné ; que je les suppliais, si en ma
considération ils ne me voulaient tant obliger que de
faire éteindre ce feu au milieu duquel je me voyais
exposée, qu'au moins il leur plût de commander à M. le
maréchal de Biron que la ville où je faisais mon séjour,
qui était Nérac, fut tenue en neutralité ; et qu'à trois
lieues autour de là il ne se fit point la guerre ; et que
j'en obtiendrais autant du roi mon mari pour le parti de
ceux de la religion. Cela me fut accordé du roi, pourvu
que le roi mon mari ne fût point dans Nérac ; mais que,
lorsqu'il y serait, la neutralité n'aurait point lieu. Cette
condition fut observée de l'un et de l'autre parti avec
autant de respect que j'eusse pu désirer ; mais elle n'em-
pêcha pas que le roi mon mari ne vint souvent à Nérac,
où nous étions Mme sa sœur et moi, étant son naturel
de se plaire parmi les dames, étant de plus alors fort
amoureux de Fosseuse (qu'il avait toujours servie depuis
qu'il quitta Rebours), de laquelle je ne recevais nul mauvais office ; et pour cela, le roi mon mari ne laissait de
vivre avec moi en pareille privauté et amitié que si
j'eusse été sa sœur, voyant que je ne désirais que de le
contenter en toutes choses.

Toutes ces considérations l'ayant un jour amené à
Nérac avec ses troupes, il y séjourna trois jours, ne pouvant se départir d'une compagnie et d'un séjour si

agréables. Le maréchal de Biron, qui n'épiait qu'une telle occasion, en étant averti, feint de venir avec son armée près de là, pour joindre à un passage de rivière M. de Cornusson [143], sénéchal de Toulouse, qui lui amenait des troupes ; et, au lieu d'aller là, tourne vers Nérac, et sur les neuf heures du matin, il s'y présente avec toute son armée en bataille, près et à la volée du canon. Le roi mon mari, qui avait eu avis dès le soir de la venue de M. de Cornusson, voulant les empêcher de se joindre et les combattre séparés, ayant forces suffisantes pour ce faire (car il avait lors M. de La Rochefoucauld [144] avec toute la noblesse de Saintonge, et bien huit cents arquebusiers à cheval qu'il lui avait amenés), était parti du matin, au point du jour, pensant les rencontrer sur le passage de la rivière ; mais les ayant failli, pour n'avoir été bien averti, M. de Cornusson ayant dès le soir précédent passé la rivière, il s'en revint à Nérac, où, comme il entrait par une porte, il sut le maréchal de Biron être en bataille devant l'autre. Il faisait ce jour-là un fort mauvais temps, et une si grande pluie que l'arquebuserie ne pouvait servir. Néanmoins le roi mon mari jette quelques troupes des siennes dans les vignes, pour empêcher que le maréchal de Biron n'approchât plus près ; n'y ayant moyen, à cause de l'extrême pluie qu'il faisait ce jour-là, de faire aucune autre action. Le maréchal de Biron demeurant cependant en bataille à notre vue, et laissant seulement débander deux ou trois des siens, qui vinrent demander des coups de lance pour l'amour des dames, se tenait ferme, couvrant son artillerie jusqu'à ce qu'elle fut prête à tirer ; puis, faisant soudain fendre sa troupe, il fit tirer sept ou huit volées

de canon sur la ville, dont l'une donna jusqu'au château ; et ayant fait cela, part de là et se retire, m'envoyant un trompette pour s'excuser à moi, me mandant
que si j'eusse été seule, il n'eût pour rien du monde
entrepris cela ; mais que je savais qu'il avait été dit, en
la neutralité qui avait été accordée par le roi, que, si le
roi mon mari était à Nérac, la neutralité n'aurait point de
lieu, et qu'il avait commandement du roi de l'attaquer
en quelque lieu qu'il fut.

En toutes autres occasions, M. le maréchal de Biron
m'avait rendu beaucoup de respect, et témoigné de
m'être ami ; car, lui étant tombé de mes lettres entre les
mains durant la guerre, il me les avait renvoyées toutes
fermées ; et tous ceux qui se disaient à moi ne recevaient de lui qu'honneur et bon traitement. Je répondis
à son trompette que je savais bien que M. le maréchal
ne faisait en cela que ce qui était du devoir de la guerre
et du commandement du roi ; mais qu'un homme prudent comme il était pouvait bien satisfaire à l'un et à
l'autre sans offenser ses amis ; qu'il me pouvait bien
laisser jouir ces trois jours du contentement de voir le
roi mon mari à Nérac ; qu'il ne pouvait l'attaquer en ma
présence sans s'attaquer aussi à moi ; que j'en étais fort
offensée, et que je m'en plaindrais au roi. Cette guerre
dura encore quelque temps, ceux de la religion ayant
toujours le dessous ; ce qui m'aidait à disposer le roi
mon mari à une paix. J'en écrivis souvent au roi et à la
reine ma mère, mais ils n'y voulaient point entendre, se
fiant en la bonne fortune qui jusqu'alors avait accompagné M. le maréchal de Biron.

En même temps que cette guerre commença, la ville de Cambrai, qui s'était, depuis mon départ de France, mise en l'obéissance de mon frère par le moyen de M. d'Inchy, duquel j'ai parlé ci-devant, fut assiégée des forces espagnoles. De quoi mon frère, qui était chez lui au Plessis-lez-Tours, fut averti, lequel était depuis peu revenu de son premier voyage de Flandre, où il avait reçu les villes de Mons, Valenciennes et autres, qui étaient du gouvernement du comte de Lalaing, qui avait pris le parti de mon frère, le faisant reconnaître pour seigneur en tous les pays de son autorité. Mon frère le voulant secourir, fait aussitôt lever des gens pour constituer une armée pour s'y acheminer ; et parce qu'elle ne pouvait être si tôt prête, il y fait en attendant jeter M. de Balagny [(145)], pour soutenir le siège, attendant qu'avec son armée il le put faire lever. Comme il était sur ces apprêts, et qu'il commençait d'avoir une partie des forces qui lui étaient nécessaires, cette guerre des huguenots intervint, qui fit débander tous ses soldats, pour se mettre aux compagnies de l'armée du roi, qui venait en Gascogne ; ce qui ôta à mon frère toute espérance de secourir Cambrai, laquelle ne se pouvait perdre qu'il ne perdît tout le reste du pays qu'il avait conquis, et, ce qu'il regrettait le plus, M. de Balagny et tous les honnêtes gens qui s'étaient jetés dans Cambrai.

Ce déplaisir lui fut extrême ; et comme il avait un grand jugement, et qu'il ne manquait jamais d'expédients en ses adversités, voyant que le seul remède eut été de pacifier la France, lui qui avait un courage qui ne trouvait rien de difficile, entreprend de faire la paix, et dépêche un gentilhomme au roi pour le lui persuader et le supplier de lui donner la charge de la traiter. Ce qu'il faisait, craignant que ceux qui eussent été commis ne l'eussent fait tirer en telle longueur qu'il n'y eût plus eu moyen de secourir Cambrai où M. de Balagny s'étant jeté, comme j'ai dit, fit dire à mon frère qu'il lui donnerait le temps de six mois pour le secourir ; mais que, si dans ce temps-là l'on ne faisait lever le siège, la nécessité des vivres y serait telle qu'il n'y aurait moyen de contenir le peuple de la ville, et de l'empêcher de se rendre. Dieu ayant assisté mon frère au dessein qu'il avait de persuader le roi à la paix, celui-ci agréa l'office que lui faisait mon frère de s'employer à la traiter, estimant par ce moyen de le détourner de son entreprise de Flandre qu'il n'avait jamais eue agréable, et lui donna la commission de traiter et faire cette paix ; lui mandant qu'il lui envoierait pour l'assister en cette négociation MM. de Villeroy et de Bellièvre [146]. Cette commission réussit si heureusement à mon frère, que venant en Gascogne (où il demeura sept mois pour cette exécution, qui lui durèrent beaucoup, plus à cause de l'envie qu'il avait d'aller secourir Cambrai, encore que le contentement qu'il avait que nous fussions ensemble lui adoucit l'aigreur de ce souci), il fit la paix [147] au contentement du roi et de tous les catholiques, laissant le roi mon mari et les huguenots de son parti non moins satisfaits ; y ayant procédé avec telle prudence qu'il en demeura loué et aimé de tous ; et ayant en ce voyage acquis ce grand capitaine, M. le maréchal de Biron, qui se voua à lui pour prendre la charge de son armée de Flandre, et lequel il retirait de Gascogne pour faire plaisir au roi mon mari, qui eut à sa place, pour lieutenant en Guyenne, M. le maréchal de Matignon.

Avant que mon frère partit, il désira faire l'accord du roi mon mari et de M. le maréchal de Biron ; mais cela fut impossible, étant les offenses passées trop avant. Il obtint seulement du roi mon mari qu'il me permettrait de voir M. le maréchal de Biron, pourvu qu'à la première vue il me fît satisfaction par une honnête excuse de ce qui s'était passé à Nérac, et me commanda de le braver avec toutes les rudes et dédaigneuses paroles que je pourrais. J'usai de ce commandement passionné de mon mari avec la discrétion requise en telles choses, sachant bien qu'un jour il en aurait regret, pouvant espérer beaucoup d'assistance d'un tel cavalier. Mon frère s'en retournant en France, accompagné de M. le maréchal de Biron, avec non moins d'honneur et de gloire d'avoir pacifié un si grand trouble au contentement de tous, que de toutes les victoires que par armes il avait eues, en fit son armée encore plus grande et plus belle. Mais que la gloire et le bonheur sont toujours suivis d'envie ! Le roi n'y prenant point de plaisir, et en ayant eu aussi peu des sept mois que mon frère et moi avions demeuré ensemble en Gascogne traitant la paix, pour trouver un objet à son ire, s'imagine que j'avais fait naître cette guerre, y ayant poussé le roi mon mari (qui peut bien témoigner le contraire), pour donner l'honneur à mon frère de faire la paix ; laquelle, si elle eut dépendu de moi, il l'eut eue avec moins de temps et de peine : car ses affaires de Flandre et de Cambrai recevaient un grand préjudice de son retardement. Mais quoi ! l'envie et la haine fascinent les yeux, et font qu'ils ne voient jamais les choses telles qu'elles sont.

Le roi, bâtissant sur ce faux fondement une haine mortelle contre moi, et faisant revivre en sa mémoire la souvenance du passé (comme quoi, durant qu'il était en Pologne et depuis qu'il en était revenu, j'avais toujours embrassé les affaires et le contentement de mon frère plus que le sien), joignant tout cela ensemble, jura ma ruine et celle de mon frère ; en quoi la fortune favorisa son animosité, faisant que durant les sept mois que mon frère fut en Gascogne, le malheur fut tel pour moi qu'il devint amoureux de Fosseuse, que le roi mon mari servait, comme j'ai dit, depuis qu'il avait quitté Rebours. Cela pensa convier le roi mon mari à me vouloir mal, estimant que j'y fisse de bons offices pour mon frère contre lui ; ce qu'ayant compris, je priai tant mon frère, lui remontrant la peine où il me mettait par cette recherche, que lui, qui affectionnait plus mon contentement que le sien, força sa passion et ne parla plus à elle. Ayant remédié de ce côté-là, la fortune (laquelle, quand elle commence à poursuivre une personne, ne se rebute point pour le premier coup que l'on lui fait tête), me dresse une autre embûche bien plus dangereuse, faisant que Fosseuse, qui aimait extrêmement le roi mon mari, et qui toutefois jusqu'alors ne lui avait permis que les privautés que l'honnêteté peut permettre, pour lui ôter la jalousie qu'il avait de mon frère, et lui faire connaître qu'elle n'aimait que lui, s'abandonne tellement à le contenter en tout ce qu'il voulait d'elle, que le malheur fût si grand qu'elle devint grosse. Lors, se sentant en cet état, elle change toute de façon de procéder avec moi ; et, au lieu qu'elle avait accoutumé d'y être libre, et de me rendre à l'endroit du roi mon mari tous les bons offices qu'elle pouvait, elle commence à se cacher de moi, et à me rendre autant de mauvais offices qu'elle m'en avait fait de bons. Elle possédait de telle sorte le roi mon mari, qu'en peu de temps je le connus tout changé. Il s'étrangeait de moi, il se cachait, et n'avait plus ma présence si agréable qu'il avait eue, les quatre ou cinq heureuses années que j'avais passées avec lui en Gascogne, pendant que Fosseuse s'y gouvernait avec honneur.

La paix faite comme j'ai dit, mon frère s'en retournant en France pour faire son armée, le roi mon mari et moi nous nous en retournâmes à Nérac ; où sitôt que nous fûmes arrivées, Fosseuse lui met en tête, pour trouver une couverture à sa grossesse, ou bien pour se défaire de ce qu'elle avait, d'aller aux eaux de Aigues-Caudes qui sont en Béarn. Je suppliai le roi mon mari de m'excuser si je ne l'accompagnais à Aigues-Caudes ; qu'il savait que, depuis l'indignité que j'avais reçue à Pau, j'avais fait le serment de n'entrer jamais en Béarn avant que la religion catholique n'y fût. Il me pressa fort d'y aller, jusqu'à s'en courroucer. Enfin je m'en excuse. Il me dit alors que sa fille (car il appelait ainsi Fosseuse) avait besoin d'en prendre pour le mal d'estomac qu'elle avait. Je lui dis que je voulais bien qu'elle y allât. Il me répond qu'il n'y avait pas de raison qu'elle y allât sans moi ; que ce serait penser mal où il n'y en avait point ; et se fâche fort contre moi de ce que je ne la voulais point mener. Enfin je fis tant qu'il se contenta qu'y allât avec elle deux de ses compagnes, qui furent Rebours et Villesavin, et la gouvernante. Elles s'en allèrent avec lui, et moi j'attendis à Bagnères. J'avais tous les jours avis de Rebours (qui était celle qu'il avait aimée, et était une fille corrompue et double, qui ne désirait que de mettre Fosseuse dehors, pensant tenir sa place en la bonne grâce du roi mon mari), que Fosseuse me faisait tous les plus mauvais offices du monde, médisant ordinairement de moi, et se persuadant, si elle avait un fils et qu'elle se pût défaire de moi, d'épouser le roi mon mari ; qu'en cette intention, elle me voulait faire aller à Pau, et qu'elle avait fait résoudre le roi mon mari, étant de retour à Bagnères, de m'y mener de gré ou de Force. Ces avis me mettaient en la peine que l'on peut penser. Toutefois, ayant toujours foi en la bonté de Dieu, et en celle du roi mon mari, je passai le temps de ce séjour de Bagnères en l'attendant, et versant autant de larmes qu'eux buvaient de gouttes des eaux où ils étaient ; bien que j'y fusse accompagnée de toute la noblesse catholique de ce quartier-là, qui mettait toute la peine qu'elle pouvait pour me faire oublier mes ennuis.

Au bout d'un mois ou cinq semaines, le roi mon mari, revenant avec Fosseuse et ses autres compagnes, sut, de quelqu'un de ces seigneurs qui étaient avec moi, l'ennui où j'étais pour la crainte que j'avais d'aller à Pau ; qui fut cause qu'il ne me pressa pas tant d'y aller, et me dit seulement qu'il eût bien désiré que je l'eusse voulu. Mais voyant que mes larmes et mes paroles lui disaient ensemble que j'aimerais plutôt la mort, il changea de dessein, et nous retournâmes à Nérac, où voyant que tout le monde parlait de la grossesse de Fosseuse, et que non seulement en notre cour, mais par tout le pays, cela était commun, je voulus tâcher de faire perdre ce bruit, et me résolus de lui en parler ; et, la prenant en mon cabinet, je lui dis : « Encore que depuis quelque temps vous vous soyez étrangée de moi, et que l'on m'ait voulu faire croire que vous me faites de mauvais offices auprès du roi mon mari, l'amitié que je vous ai portée, et celle que j'ai vouée aux personnes d'honneur à qui vous appartenez, ne me peut permettre que je ne m'offre de vous secourir au malheur où vous vous trouvez, que je vous prie de ne me nier, et ne vouloir ruiner d'honneur et vous et moi, qui ai autant d'intérêt au vôtre, étant à moi comme vous-même ; et croyez que je vous ferai office de mère. J'ai moyen de m'en aller, sous couleur de la peste, que vous voyez qui est en ce pays et même en cette ville, au Mas d'Agénois, qui est une maison du roi mon mari fort écartée. Je ne mènerai avec moi que le train que vous voudrez. Pendant ce temps, le roi mon mari ira à la chasse d'autre côté, et je ne bougerai de là que vous ne soyez délivrée, et nous ferons par ce moyen cesser ce bruit, qui ne m'importe moins qu'à vous. » Elle, au lieu de m'en savoir gré, avec une arrogance extrême, me dit qu'elle ferait mentir tous ceux qui en avaient parlé ; que je ne l'aimais point, et que je cherchais prétexte pour la ruiner. Et, parlant aussi haut que je lui avais parlé bas, elle sort toute en colère de mon cabinet et y va informer le roi mon mari ; en sorte qu'il se courrouça fort à moi de ce que j'avais dit à sa fille, disant qu'elle ferait mentir tous ceux qui la blâmaient, et m'en fit mine fort longtemps, et jusqu'à tant que, s'étant passés quelques mois, elle vint à l'heure de son terme.

Le mal lui prenant au matin, au point du jour, étant couchée en la chambre des filles, elle envoya quérir mon médecin, et le pria d'aller avertir le roi mon mari, ce qu'il fit. Nous étions couchés en une même chambre, en divers lits, comme nous avions accoutumé. Comme le médecin lui dit cette nouvelle, il se trouva fort en peine, ne sachant que faire, craignant d'un côté qu'elle fut découverte et de l'autre qu'elle fut mal secourue ; car il l'aimait fort. Il se résolut enfin de m'avouer tout, et me prier de l'aller faire secourir, sachant bien que, quoi qui se fut passé, il me trouverait toujours prête de le servir en ce qui lui plairait. Il ouvre mon rideau, et me dit : « Ma mie, je vous ai celé une chose qu'il faut que je vous avoue. Je vous prie de m'en excuser et de ne vous point souvenir de tout ce que je vous ai dit pour ce sujet ; mais obligez-moi tant de vous lever tout à cette heure et aller secourir Fosseuse, qui est fort mal ; je m'assure que vous ne voudriez, la voyant en cet état, vous ressentir de ce qui s'est passé. Vous savez combien je l'aime ; je vous prie, obligez-moi en cela. » Je lui dis que je l'honorais trop pour m'offenser de chose qui vint de lui ; que je m'y en allais, et y ferais comme si c'était ma fille ; que pendant ce temps il s'en allât à la chasse et emmenât tout le monde, afin qu'il n'en fut point ouï parler.

Je la fis promptement ôter de la chambre des filles et la mis en une chambre écartée, avec mon médecin et des femmes pour la servir, et la fis très bien secourir. Dieu voulut qu'elle ne fit qu'une fille, qui en plus était morte. Étant délivrée, on la porta en la chambre des filles, où, bien que l'on apportât toute la discrétion que l'on pouvait, on ne put empêcher que le bruit ne fut semé par tout le château. Le roi mon mari, étant revenu de la chasse, va la voir comme il avait accoutumé. Elle le prie que je l'allasse voir, comme j'avais accoutumé d'aller voir toutes mes filles quand elles étaient malades, pensant par ce moyen ôter le bruit qui courait. Le roi mon mari, venant en la chambre, me trouve que je m'étais remise dans le lit, étant lasse de m'être levée si matin, et de la peine que j'avais eue à la faire secourir. Il me prie que je me lève et que je l'aille voir. Je lui dis que je l'avais fait, lorsqu'elle avait eu besoin de mon secours ; mais qu'à cette heure elle n'en avait plus affaire ; que, si j'y allais, je découvrirais plutôt que de couvrir ce qui était, et que tout le monde me montrerait au doigt. Il se fâcha fort contre moi, et, ce qui me déplut beaucoup, il me sembla que je ne méritais pas cette récompense de ce que j'avais fait le matin. Elle le mit souvent en des humeurs pareilles contre moi.

Pendant que nous étions de cette façon, le roi, qui n'ignorait rien de tout ce qui se passait en la maison de tous les plus grands de son royaume, et qui était particulièrement curieux de savoir les mœurs de notre cour, ayant été averti de tout ceci, et conservant encore le désir de vengeance qu'il avait conçu contre moi, pour l'occasion que j'ai dite de l'honneur que mon frère avait acquis à la paix qu'il avait faite, pense que c'était un beau moyen pour me rendre aussi misérable qu'il désirait ; me tirant hors d'auprès du roi mon mari, et espérant que l'éloignement serait comme les ouvertures du bataillon macédonien. À quoi pour parvenir, il me fit écrire par la reine ma mère qu'elle désirait me voir[148] ;

que c'était assez d'avoir été cinq ou six ans éloignée d'elle ; qu'il était temps que je fisse un voyage à la cour ; que cela servirait aux affaires du roi mon mari et de moi ; qu'elle connaissait que le roi était désireux de me voir ; que si je n'avais des commodités pour faire ce voyage, le roi m'en ferait donner. Le roi m'écrivit le semblable, et m'envoyant Manniquet [149], qui était mon maître d'hôtel, pour me convaincre (pour ce que, depuis cinq ou six ans que j'étais en Gascogne, je n'avais jamais pu me donner cette volonté de retourner à la cour) il me trouva lors plus aisée à recevoir ce conseil, pour le mécontentement que j'avais à cause de Fosseuse, lui en ayant donné avis à la cour. Le roi et la reine m'écrivent encore deux ou trois fois coup sur coup, et me font délivrer quinze cents écus, afin que l'incommodité ne me retardât ; et la reine ma mère me mande qu'elle viendrait jusqu'en Saintonge ; que si le roi mon mari me menait jusque là, elle communiquerait avec lui, pour lui donner assurance de la volonté du roi ; car il désirait fort de le tirer de Gascogne, pour le remettre à la cour en la même condition qu'ils y avaient été autrefois mon frère et lui ; et le maréchal de Matignon poussait le roi à cela, à cause de l'envie qu'il avait de demeurer tout seul en Gascogne.

Toutes ces belles apparences de bienveillance ne me faisaient point tromper aux fruits que l'on doit espérer de la cour, en ayant eu par le passé trop d'expériences ; mais je me résolus de tirer profit de ces offres, et y faire un voyage seulement de quelques mois, pour y accommoder mes affaires et celles du roi mon mari ; estimant qu'il servirait aussi comme de diversion pour l'amour de

Fosseuse, que j'emmenais avec moi ; que le roi mon mari ne la voyant plus, s'embarquerait possiblement avec quelque autre qui ne me serait pas si ennemie. J'eus assez de peine à faire consentir le roi mon mari à me permettre ce voyage, parce ce qu'il se fâchait d'éloigner Fosseuse, et qu'il en fût parlé. Il m'en fit meilleure figure, désirant extrêmement m'ôter cette volonté d'aller en France. Mais, l'ayant déjà promis par mes lettres au roi et à la reine ma mère, même ayant touché la somme susdite pour mon voyage, le malheur qui m'y tirait l'emporta sur le peu de volonté que j'avais lors d'y aller, voyant que le roi mon mari recommençait à me montrer plus d'amitié.

Notes

(1) Madame de Randan : Fulvia Pic de la Mirandole, épouse de Charles de la Rochefoucauld, comte de Randan.

(2) La citation exacte de Joachim Du Bellay (1522-1560) est la suivante :

> Nouveau venu qui cherches Rome en Rome
> Et rien de Rome en Rome n'aperçois.
>
> *Les antiquités de Rome*, 3 (1558).

(3) C'est à dire le château d'Usson où Marguerite écrivit ses *Mémoires*. L'incident auquel elle fait allusion date de 1587 et n'est donc pas relaté dans son récit, interrompu à la date de 1582.

(4) Il s'agit du coup de lance mortel que Henri II reçut du comte de Montgomery lors du tournoi des Tournelles le 30 juin 1559. Il en mourut le 10 juillet.

(5) Marguerite de Valois est née le 14 mai 1553. Elle avait donc six ans au moment de la mort de son père.

(6) Henri 1er de Lorraine, prince de Joinville, troisième duc de Guise, dit Le Balafré (1550-1588), fils de François de Guise et de Anne d'Este (petite-fille de Louis XII). Ardent défenseur de la foi catholique, chef de la Ligue, il tentera, notamment avec l'aide de son frère Louis, cardinal de Lorraine (1555-1588) de détrôner Henri III qui les fit assassiner pendant les états géné-raux de Blois. Son frère cadet, Charles de Lorraine, duc de Mayenne (1554-1611) prendra alors sa place à la tête de la Ligue (cf. note 84).

(7) Henri de Bourbon, marquis de Beaupréau, fils de Charles de Bourbon et de Philippe de Montespedon, princesse de la Roche-sur-Yon, avec laquelle Marguerite se rendra aux eaux de Spa.

(8) Le colloque de Poissy (9 sept-26 sept 1561), tentative de conciliation entre les catholiques et les huguenots, se solda par un échec.

(9) Henri de Valois, duc d'Orléans, puis duc d'Anjou (1551-1589). Il allait devenir roi de Pologne, puis roi de France sous le nom de Henri III après la mort de son frère Charles IX le 30 mai 1574. Il fut assassiné par le moine Jacques Clément, ligueur fanatique. Henri III fut le dernier des Valois à régner.

(10) Madame de Curton : Charlotte de Vienne, épouse de Joachim de Chabannes, marquis de Curton, sénéchal de Toulouse.

(11) François de Tournon (1489-1562). Jadis brillant politique, il était déjà très vieux lorsqu'il présida (avec le chancelier Michel de l'Hospital) le colloque de Poissy, dont il contribua à l'échec.

(12) Le massacre des protestants à Wassy en 1562 par les troupes de François de Guise marque le début des guerres de religion.

(13) François, duc d'Alençon, puis duc d'Anjou (1554-1584) (cf. note 75.)

(14) Madame de Dampierre : Jeanne de Vivonne, épouse de Claude de Clermont, seigneur de Dampierre, était la soeur d'Anne de Vivonne, mère de Brantôme, et la mère de la duchesse de Retz .

(15) Madame la duchesse de Retz : Claude-Catherine de Clermont-Dampierre est la cousine de Brantôme. Elle épousa en premières noces Jean, seigneur d'Annebaut et baron de Retz, puis Albert de Gondi, duc de Retz, maréchal de France (cf. note 43). Grande érudite, elle avait ouvert à Paris un salon littéraire, l'un des premiers de l'époque.

(16) Marguerite de France (1523-1574), tante de Marguerite, avait épousé le duc Emmanuel-Philibert de Savoie le 9 juillet 1559, la veille de la mort de Henri II.

(17) Elisabeth de France, née en 1545, soeur aînée de Marguerite, avait épousé Philippe II d'Espagne le 22 juin 1559, juste avant le tournoi qui devait coûter la vie à Henri II. Elle mourut le 3 octobre 1568.

(18) L'île d'Aiguemau sur l'Adour.

(19) Charles IX (1550-1574). Après avoir exercé la régence, Catherine de Médicis, sa mère, garda sur lui une forte emprise. Mort sans descendance légitime, il avait eu de sa maîtresse, Marie Touchet, un bâtard, Charles de Valois, duc d'Angoulême.

(20) Le combat de Jazeneuil (1568) et la bataille de Jarnac (1569) où le prince Louis 1er de Condé fut tué.

(21) Madame de Sauves : Charlotte de Beaune, fille du baron de Samblançay, épouse de Simon de Fizes, baron de Sauves. Maîtresse tour à tour et en même temps de Henri de Navarre, du duc d'Alençon et probablement du duc Henri de Guise et de Le Guast, il en sera largement question plus tard.

(22) Le cardinal Charles de Bourbon (1523-1590), que la Ligue voulut couronner sous le nom de Charles X, était le frère d'Antoine de Bourbon et de Louis de Bourbon, prince de Condé. C'était donc l'oncle du futur Henri IV et de Henri, second prince de Condé (cf. note 48). C'est lui qui maria Henri et Marguerite à Notre Dame de Paris.

(23) La Bible : Exode, ch. III, verset 11 : "Moïse dit à l'Elohim : qui suis-je pour que j'aille vers Pharaon et pour que je fasse sortir d'Egypte les fils d'Israël ?"

(24) La bataille de Moncontour (3 octobre 1569). Les troupes catholiques de l'armée royale y vainquirent l'armée protestante de l'amiral de Coligny.

(25) Siège de Saint-Jean-d'Angély (du 16 octobre au 2 décembre 1569). Il aboutit à l'édit de pacification de Saint-Germain (8 août 1570), très favorable aux protestants, que Catherine de Médicis signa avec Téligny, le gendre de l'amiral Gaspard de Coligny.

(26) Louis de Béranger, seigneur de Le Guast (1545 -1575), le mortel ennemi de Marguerite.

(27) Les relations de Marguerite, sans que l'on en sache exactement la nature, ne sont pas aussi innocentes que cette dernière voudrait le faire croire.

(28) Don Sébastien (1554-1578), petit-fils de Jean III, roi de Portugal auquel il succéda en 1557 et de Charles Quint ; neveu de Philippe II qui, comme on le voit plus loin dans le texte, n'était pas favorable à ce mariage.

(29) La princesse de Porcian : Catherine de Clèves, fille de Marguerite de Bourbon et veuve d'Antoine de Croy, prince de Porcian, épousa effectivement le duc de Guise. (cf. également note 34).

(30) Claude de France (1547-1575), épouse de Charles III, duc de Lorraine.

(31) Le prince de Navarre : Henri , fils d'Antoine de Bourbon et de Jeanne d'Albret, futur roi de Navarre et futur Henri IV.

(32) Charles de Montmorency, seigneur de Méru, fils du connétable Anne de Montmorency, cousin de Gaspard de Coligny.

(33) Jeanne d'Albret, reine de Navarre, était la fille d'Henri d'Albret, roi de Navarre et de Marguerite de France, soeur de François 1er. Marguerite, Charles IX, Henri III et Henri IV étaient donc cousins issus de germain. Jeanne d'Albret mourut le 9 juin 1572, peu avant le mariage de son fils Henri avec Marguerite.

(34) Madame de Nevers : Henriette de Clèves, duchesse de Nevers et de Rethel, fille de Marguerite de Bourbon et de François de Clèves, duc de Nevers, cousine de Henri de Navarre, nièce du cardinal de Bourbon, soeur de Catherine de Clèves, duchesse de Guise et de Marie de Clèves, princesse de Condé.

(35) Le 18 août 1572. Les fêtes des noces durèrent une semaine pendant laquelle se déroula la Saint-Barthélemy.

(36) Gaspard de Châtillon, sire de Coligny, amiral de France (1519-1572). Elevé dans la religion catholique, il fut tout d'abord en grande faveur à la cour. Lorsqu'il passa à la réforme, il en fut le principal chef avec le prince Louis de Condé. Il jouissait auprès du roi Charles IX d'une influence qui accéléra sa perte. C'est le 22 août 1572 que l'amiral de Coligny

fut blessé par Charles de Louviers, seigneur de Maurevert. Il fut, deux jours plus tard, une des premières victimes du massacre de la Saint-Barthélemy.

(37) Jean de Ségur, baron de Pardaillan.

(38) François III de La Rochefoucauld, prince de Marsillac, comte de Roucy, beau-frère de Condé. Il fut un des grands capitaines huguenots de son temps et périt à la Saint-Barthélemy pour avoir refusé la protection de Charles IX qui voulait le sauver.

(39) Charles de Téligny, gendre de Coligny.

(40) François de la Noue, dit Bras de Fer ou le Bayard huguenot (1531-1591), beau-frère de Téligny, capitaine, mémorialiste et écrivain (*Discours politiques et militaires*)

(41) François de Guise fut tué par Jean Poltrot de Méré le 18 février 1563.

(42) Monsieur de Charry, maître de camp de la garde du roi, était un fidèle de Catherine de Médicis.

(43) Albert de Gondi, marquis de Belle-Ile, maréchal de Retz (1522-1602). Son rôle historique dans la nuit de la Saint-Barthélemy est controversé. Contrairement à Marguerite qui le charge de la conversion de Charles IX, d'autres thèses, peut-être influencées par la toute puissance des Gondi au temps du cardinal de Retz (1613-1679) le présentent comme l'un des opposants à la Saint-Barthélemy.

(44) Il semblerait qu'il s'agisse de Gabriel de Lévis, comte de Léran, gentilhomme de l'écurie du roi de Navarre.

(45) Gaspard de la Châtre, seigneur de Nançay.

(46) Henri d'Albret, baron de Miossans, cousin et maître de la garde-robe de Henri de Navarre. – Armagnac : sans doute Ysaure-Jean d'Armagnac.

(47) Le conseil qui décida de la Saint-Barthélemy délibéra sur le sort à réserver à Henri de Navarre et au prince de Condé. Henri de Navarre fut épargné en raison de sa dignité royale et du mariage qu'il venait de contracter. Il dut néanmoins abjurer la religion protestante pour avoir la vie sauve et il se

convit le 12 septembre de la même année. Henri 1er de Bourbon (1552-1588), deuxième prince de Condé, prince de sang et cousin germain d'Henri de Navarre, fut également épargné. Lui aussi dut se convertir, le 26 septembre. Il était le fils du premier prince de Condé, Louis 1er, tué à la bataille de Jarnac et l'époux de Marie de Clèves.

(48) Henri d'Anjou avait été proclamé roi de Pologne par la Diète, le 11 mai 1573.

(49) C'est le "complot de La Mole et Coconat", du nom de Joseph de Boniface, seigneur de La Mole (1547/48-1574) et de Annibal, comte de Coconat ou Coconas , gentilhomme piémontais (1535-1574). Le premier était l'amant de Marguerite, le second celui de la duchesse de Nevers. Il est donc étonnant que Marguerite, comme elle l'écrit, n'ait pas eu connaissance du complot. Ils furent tous les deux exécutés le 30 avril 1574.

(50) François, duc de Montmorency (1530-1579). Fils aîné du connétable Anne de Montmorency, il fut fait maréchal de France en 1559. – Charles de Cossé, comte puis duc (en 1620) de Brissac, maréchal de France (v. 1550-1621).

(51) Il s'agit du *Mémoire justificatif pour Henri de Bourbon, roi de Navarre* publié pour la première fois comme "Déclaration du roi de Navarre" en 1659 puis identifié comme oeuvre de Marguerite au XVIIIème siècle. Il figure dans l'édition des *Mémoires de Marguerite de Valois* publiée par Yves Cazeaux, Paris, Mercure de France, 1971.

(52) Charles IX mourut le 30 mai 1574, à peine âgé de 24 ans, d'une tuberculose aiguë.

(53) L'Estoile et Brantôme disent au contraire que Le Guast avait suivi Henri III, alors encore duc d'Anjou, en Pologne.

(54) Jeanne de Bourdeille, fille d'honneur de Catherine de Médicis, nièce et légataire de Brantôme.

(55) Surgères: Hélène de Fonsèque, fille du baron de Surgères, fille d'honneur de la reine mère. Elle est la "Hélène" chantée par Ronsard.

(56) Mademoiselle de Montigny : fille de Claude d'Amoncourt, seigneur de Montigny-sur-Aube, fille d'honneur de la reine mère.

(57) Mademoiselle d'Uzès : Françoise de Clermont, épouse de Jacques de Crussol, duc d'Uzès. Elle sera la destinataire des *Lettres à la Sibille* de Marguerite.

(58) Thorigny : Gilonne de Goyon, fille du maréchal de Matignon. Il en sera amplement question plus tard. (cf. également note 128).

(59) François d'O, seigneur de Fresnes (v 1535-1594), premier gentilhomme de la chambre de Henri III, puis gouverneur de l'Ile de France sous Henri IV.

(60) Le gros Ruffé : Philippe de Volvire, baron puis marquis de Ruffec.

(61) Jacques de Lévis, comte de Quelus (v 1554-1578), un des mignons de Henri III, grand sénéchal et gouverneur du Rouergue.

(62) Bidé : Charles de Balzac d'Entragues, baron de Dunes, surnommé Bidé et également Antraguet. Il était l'oncle d'Henriette d'Entragues, une des maîtresses de Henri IV et était lui-même probablement l'amant de Marguerite à cette époque.

(63) Madame de Nemours : Anne d'Est, veuve de François de Guise, remariée à Jacques de Savoie, duc de Nemours. Elle sera une meneuse acharnée de la Sainte Ligue.

(64) *La Célestine, tragi-comédie de Calixte et Mélibée*, de Fernando de Rojas (1492) était déjà traduite en français depuis 1527 et connaissait au XVIème siècle un énorme succès.

(65) Gilles de Souvré, marquis de Courtenvaux, grand-maître de la garde-robe de Henri III.

(66) Henri III fut couronné à Reims le 13 février 1575. Il épousa deux jours plus tard Louise de Vaudémont-Lorraine (1553-1601), fille de Nicolas de Lorraine, comte de Vaudémont.

(67) Louis de Clermont d'Amboise, seigneur de Bussy, dit Bussy d'Amboise (v. 1549-1579) était un homme de guerre

célèbre pour sa bravoure et son esprit. Amant de Marguerite, il passa du service du roi à celui du duc d'Alençon dont il devint le favori. Il fut assassiné sur l'ordre du comte de Montsoreau dont il avait séduit la femme.

(69) Le duc d'Alençon s'évada le 15 septembre 1575.

(70) Henri de Navarre s'enfuit le 3 février 1576, soit cinq mois après le duc d'Alençon. Il arriva à Alençon le 6 mai.

(71) Marguerite oublie que Le Guast est mort depuis plus de trois mois (31 octobre 1575), assassiné par Guillaume Duprat, baron de Vitteaux, qui appartenait au duc d'Alençon. On ne sait pas qui a tenu la main de Vitteaux, Le Guast ayant de nombreux ennemis.

(72) La Ferté et Avantigny : deux chambellans du duc d'Alençon.

(73) Louis de Balbes de Berton de Crillon (1541 ou 1543-1615), futur compagnon de Henri IV, un des plus braves capitaines de son temps.

(74) Il s'agit de l'édit de pacification de Beaulieu, signé le 6 mai 1576, également nommé paix de Loches ou paix de Sens, ou encore paix de Monsieur car les avantages accordés à cette occasion au duc d'Alençon furent très importants .

(75) Il obtient la confirmation de l'apanage des duchés d'Anjou, de Touraine et de Berry, et s'appellera désormais le duc d'Anjou. Mais, dans ses *Mémoires*, Marguerite continue la plupart du temps à le nommer Alençon.

(76) Monsieur de Beauvais : Le cardinal Charles de Bourbon (cf. note 22) fut successivement évêque de Nevers, puis de Saintes, archevêque de Rouen et administrateur de l'évêché de Beauvais.

(77) cf. note 71.

(78) Monsieur de Duras : Jean de Durfort, vicomte de Duras, chambellan ordinaire du roi de Navarre.

(79) La Ligue ou Sainte Ligue joua un rôle essentiel dans les guerres de religion. Outre la défense de la religion catholique, son but était de détrôner Henri III (qui avait jugé habile d'en

prendre la tête) au profit de Henri de Guise, son véritable chef.

(80) Le jeudi 6 décembre 1576.

(81) Philippe de Montespedon, épouse de Charles de Bourbon, prince de la Roche-sur-Yon, duc de Beaupréau, second fils de Louis de Bourbon-Vendôme et de Louise de Bourbon-Montpensier.

(82) Claude de Mondoucet était ambassadeur de France aux Pays-Bas.

(83) Le traité de Cambrai (1529) ou paix des Dames avait été signé au nom de François Ier et de Charles-Quint par Louise de Savoie, mère du premier et Marguerite d'Autriche, tante du second. François Ier y renonçait notamment à sa suzeraineté sur l'Artois et la Flandre.

(84) Charles de Lorraine, duc de Mayenne (1554-1611), frère du duc de Guise. Il prit sa succession à la tête de la Ligue après l'assassinat de ce dernier et fut l'ennemi direct de Henri IV avant de se soumettre à lui après les batailles d'Arques (1589) et d'Ivry (1590).

(85) Madame de Tournon : Claudine de la Tour-Turenne, épouse de Just II de Tournon, comte de Roussillon.

(86) Madame de Mouy : Catherine-Suzanne, comtesse de Cerny, épouse de Charles, marquis de Mouy.

(88) A cette époque, Philippe de Lenoncourt n'était encore qu'évêque d'Auxerre. Il ne fut ordonné cardinal qu'en 1586.

(89) Monsieur l'évêque de Langres : Charles de Peyrusse d'Escars ou des Cars.

(90) Henri de Lorraine, comte de Chaligny, était le frère de Louise de Lorraine, épouse de Henri III, reine de France. A l'époque, le comte de Chaligny n'était pas encore remarié à une de Mouy.

(91) L'évêque de Cambrai : Louis de Berlaimont. Toute la maison Berlaimont est acquise au roi d'Espagne et conspire en faveur de don Juan d'Autriche (1545-1578), fils naturel de Charles Quint, vainqueur des Turcs à la célèbre bataille navale

de Lépante, qui avait été nommé gouverneur général des Pays-Bas par son demi-frère Philippe II.

(92) Baudouin de Gavré, baron d'Inchy, était gouverneur de Cambrai pour les états généraux de Bruxelles et y détenait prisonnier le baron de Licques qui en avait été auparavant gouverneur pour le roi d'Espagne.

(93) Marguerite fait allusion à la citadelle d'Usson que, malgré la modestie qu'elle affiche, elle a su fort bien garder.

(94) Les Lalaing étaient une grande famille catholique du sud de la Bourgogne. Philippe, comte de Lalaing, gouverneur et grand bailli du Hainaut, sénéchal de Flandre, était l'époux de Marguerite de Ligne, fille du comte d'Aremberg. Son frère Emmanuel-Philibert, baron de Montigny, marquis de Renty, était lieutenant-colonel dans le régiment du duc d'Arschot.

(95) Madame d'Havrech : Diane de Dompmartin, marquise d'Havrech ou Havré, femme de Charles-Philippe de Croy, marquis d'Havré, comte de Fontenoy.

(96) Le comte Philippe d'Egmont, prince de Gavré, fut un des plus grands capitaines des Pays-Bas. Il fut exécuté à Bruxelles, avec Philippe de Montmorency, comte de Horne, le 4 juin 1568.

(97) Floris de Montmorency, seigneur de Montigny, fut étranglé dans sa cellule de la forteresse de Simanca, sur ordre de Philippe II, en 1570. C'était l'oncle du comte de Lalaing et du baron de Montigny, et le frère du comte de Horne.

(98) cf. note 95.

(99) Philippe III de Croy, prince de Chimay, duc d'Arschot.

(100) Marc de Rye, marquis de Varambon, gouverneur de Gueldre. Protagoniste de la triste histoire de mademoiselle de Tournon.

(101) Philibert de Rye, comte de Varaix, baron de Balançon.

(102) L'évêque de Liège : Gérard de Groesbech.

(103) Madame la comtesse d'Aremberg : Marguerite de La Marck, veuve de Jean de Ligne, comte d'Aremberg.

(104) Elisabeth d'Autriche (1554-1592), fille de Maximilien II et de Marie d'Autriche, avait épousé Charles IX en 1570.

(105) Madame la Landgravine : Mahaud de La Marck, femme de Louis-Henri, Landgrave de Leuchtemberg.

(106) Une des trois filles de la comtesse d'Aremberg.

(107) Probablement Robert de Ligne, comte d'Aremberg après la mort de son père.

(108) Contrairement à ce qui est couramment rapporté, l'épisode de mademoiselle de Tournon n'a pas servi d'argument à la pièce de Shakespeare *Peines d'amour perdues*. En revanche, cette pièce a pour cadre la Cour de Nérac à l'époque du premier séjour qu'y fait Marguerite.

(109) Mignon : terme connu mais couramment employé depuis 1576 pour caractériser les favoris d'Henri III.

(110) Louis de Maugiron, premier favori du roi, mourut lors d'un duel en 1578. – Jean Louis de Nogaret de La Valette, futur duc d'Epernon (1554-1642), fut comblé d'honneurs par Henri III mais resta fidèle à Henri de Navarre dont il avait été l'ami. – Girard ou Giraud de Mauléon, seigneur de Gourdan. – Jean d'Arcès de Livarot, tué en duel en 1581.

(111) M. d'Escars : Jacques de Peyrusse d'Escars ou des Cars, frère de Anne de Peyrusse d'Escars, qui ne sera évêque de Lisieux qu'à partir de 1585.

(112) Guillaume, comte de Nassau, prince d'Orange, dit le Taciturne (1533-1584). opposé à l'absolutisme espagnol, élevé dans la religion catholique mais peu religieux avant sa conversion au protestantisme, son but était d'obtenir la liberté aux Pays-Bas. Il prêcha en vain la tolérance entre les provinces du sud (catholiques) et celles du nord (protestantes) et fut le fondateur de la république des Sept Provinces Unies (celles du nord), les actuels Pays-Bas. Il mourut assassiné.

(113) Fleurines : Florennes, près de Dinant.

(114) La Fère, en Picardie, était une châtellerie appartenant à la maison de Bourbon, dont le roi de Navarre avait concédé la jouissance à sa femme.

(115) Blaise de Lasseran, seigneur de Montluc, célèbre auteur des *Commentaires*, lieutenant général en Guyenne et maréchal de France, grand pourfendeur de huguenots (v 1500-1577). – Paul de La Barthe, seigneur de Thermes, maréchal de France. – Roger de Saint-Lary, seigneur de Bellegarde, neveu de Monsieur de Thermes, favori de Henri III qui le fit maréchal de France.

(116) Philibert de Gramont, comte de Guiche, époux de Diane d'Andouins, la belle Corisande qui devint par la suite la maîtresse de Henri IV.

(117) François d'Epinay de Saint-Luc (1554-1591). – Paul de Stuer de Caussade, comte de Saint-Mégrin.

(118) Claude de la Châtre, qui mourut maréchal de France.

(119) Madame de Senetaire : Jeanne de Laval, épouse de François de Saint-Nectaire ou Senneterre, maîtresse de Henri III.

(120) Saint-Luc épousa Jeanne de Cossé-Brissac, fille de Charles de Cossé (cf. note 50), laide, bossue contrefaite et sans esprit.

(121) René de Villequier, baron de Clairvaux qui, six mois auparavant avait assassiné sa femme impunément, sans que sa faveur en souffrît auprès du roi.

(122) Après la mort de Salomon, Jéroboam prit la tête du schisme des dix tribus du nord et fonda le royaume du nord (Israël) en opposition à celui du sud (Juda), gouverné par le roi Roboam, fils de Salomon. La Bible, Premier livre des rois III, 1-21.

(123) Jean de Losses, capitaine de la garde écossaise.

(124) Nicolas de Grimonville, seigneur de l'Archant et de la Boulaye, gentilhomme de la chambre et capitaine des gardes du roi.

(125) Robert de Combault, seigneur d'Arcis-sur-Aube, de Vasseurs, des Menuts, chevalier de l'Ordre et premier maître d'hôtel du roi.

(126) Le cardinal René de Birague (1510-1583), chancelier de France, était milanais et tout dévoué à Catherine de Médicis.

(127) Michel de Seure, chevalier de Malte, grand-prieur de Champagne, chambellan du roi et capitaine des gens d'armes.

(128) Jacques de Goyon de Matignon, maréchal de France en 1579, puis gouverneur de Guyenne.

(129) Cette évasion eut lieu le 14 février 1578.

(130) Dayelle : Victoire d'Ayelle, fille d'honneur de Catherine de Médicis.

(131) Henri de la Tour d'Auvergne, vicomte de Turenne (1555-1623). Parent de Marguerite du côté de Catherine de Médicis dont la mère était Madeleine de la Tour d'Auvergne; sa mère était une des filles de Anne de Montmorency. Par son mariage avec Charlotte de La Marck, héritière du duché de Bouillon, il devint duc de Bouillon. Il fut fait maréchal de France par Henri IV. Veuf, il épousa en seconde noce une des six filles de Guillaume d'Orange et de Charlotte de Bourbon. Son fils, le Grand Turenne, eut donc pour grand-père le prince d'Orange et pour arrière grand-père le connétable Anne de Montmorency.

(132) La Vergne : ou La Vernay, suivant Brantôme.

(133) Honorat de Savoie, marquis de Villars (1520-1580), amiral et lieutenant général en Guyenne.

(134) Armand de Gontaut, baron de Biron, maréchal de France (1524-1592).

(135) Pau était surnommé "La petite Genève" depuis que Jeanne d'Albret avait interdit l'exercice du culte catholique en Béarn en 1569.

(136) Jacques Lallier, seigneur du Pin.

(137) Gui du Faur, seigneur de Pibrac (1529-1584). Poète, conseiller d'Etat et président au Parlement de Paris, chancelier de Marguerite.

(138) Fille de Guillaume de Rebours, président au Parlement.

(139) Fosseuse : Françoise de Montmorency, cinquième fille de Pierre, marquis de Thury, baron de Fosseux.

(140) cf. note 131.

(141) Catherine de Bourbon (1559-1604), princesse de Navarre, soeur de Henri IV, duchesse de Bar en 1599 après avoir épousé Henri de Lorraine, duc de Bar, neveu de Marguerite.

(142) Jean de Levezou de Vezins, sénéchal du Quercy depuis 1576.

(143) François de La Valette, seigneur de Parisot, baron de Cornusson, chevalier de Malte, gouverneur et sénéchal de Toulouse.

(144) François de La Rochefoucauld, seigneur de Montendre et de Montguyon, gentilhomme protestant, commissaire pour le roi de Navarre.

(145) Jean, seigneur de Balagny, fils naturel de Jean de Monluc ou Montluc, évêque de Valence.

(146) Nicolas de Neufville, seigneur de Villeroy, secrétaire d'Etat. – Pomponne de Bellièvre (1529-1607), surintendant des finances de Henri III, puis chancelier de France sous Henri IV.

(147) Elle fut signée le 26 novembre 1580 au château de Fleix.

(148) Marguerite quitta Nérac le 30 janvier 1582.

(149) Hector de Manniquet, seigneur du Fayet, maître d'hôtel de Marguerite.

Marguerite de Valois est la première femme en France à avoir écrit le récit de son existence. Ce récit n'est pas un journal, écrit par une jeune princesse dans la fleur de l'âge qui au fil de la plume, relate les événements auxquels elle participe ou qui se déroulent sous ses yeux mais des mémoires, ceux d'une femme d'une quarantaine d'années, dans sa pleine maturité, qui ressent le besoin de dresser un premier bilan de sa vie et, au delà, de raconter la manière dont elle a vécu les événements qui l'ont traversée ; une femme avisée, en pleine possession de ses moyens intellectuels, de son savoir, nourrie par d'amples lectures qui ont fait d'elle une des grandes érudites de l'époque.

Le prétexte lui en est donné par son vieil ami et admirateur inconditionnel Brantôme qui vient de lui consacrer et de lui envoyer (probablement en 1593) un de ses Discours (*), véritable panégyrique qu'elle lira certainement avec plaisir mais qui lui donnera l'occasion d'écrire sa propre version des faits pour rectifier les erreurs qu'elle y a relevées ; car Marguerite a l'ambition de laisser à la postérité une image d'elle-même qu'elle juge plus juste.

Mais même si elle est consciente que le texte de Brantôme passera à la postérité, quand Marguerite choi-

---

(*) *Discours sur la reine de France et de Navarre, Marguerite, fille unique maintenant restée et seule de la noble maison de France*, rédigé vraisemblablement dans les années 1591-92, qui prendra place par la suite dans le *Recueil des Dames*. (publié pour la première fois dans la première édition des Œuvres de Brantôme, Leyde, 1665-1666).

sit Pierre de Bourdeille, abbé de Brantôme, (vers 1537/
1540-1614) comme dédicataire, ce n'est pas au célèbre
mémorialiste qu'il allait devenir qu'elle s'adresse, car, à
l'époque, Brantôme est avant tout ce qu'il est convenu
d'appeler un courtisan. Il a fait ses débuts à la cour en
1556 en entrant dans le clan des Guise. Depuis, quand
il n'est pas à guerroyer en Italie ou ailleurs, il suit la
cour dans tous ses déplacements. En 1561, il assiste au
sacre de Charles IX avant de faire partie de l'escorte qui
accompagne Marie Stuart, nièce de François de Guise,
en Écosse. C'est pendant ce séjour qu'il rencontre la
reine Élizabeth 1ère d'Angleterre. Par la suite, il participe
en témoin actif et privilégié à la plupart des événements
que relate Marguerite dans ses *Mémoires* : il est là quand
François de Guise meurt, il assiste à la bataille de Jarnac
qui voit la victoire de Henri d'Anjou, futur Henri III,
contre les huguenots ; il est également présent au sacre
de Henri III et à son mariage avec Louise de Lorraine ;
il fait partie de la troupe chargée de poursuivre le duc
d'Alençon lorsque celui-ci s'enfuit du Louvre en 1575 ;
il est également de la partie quand Catherine de Médicis
se rend en Guyenne en 1578 pour conduire Marguerite
chez son époux. En 1582, il entre dans une semi-dis-
grâce après sa rupture avec Henri III qui lui avait promis l'état de sénéchal de Périgord avant de se récuser.
Curieusement, on verra que c'est à peu près à la même
époque que Marguerite est elle-même chassée de la
cour.

La famille de Brantôme, par ailleurs, est étroitement
mêlée à la vie de la cour : Anne de Vivonne, sa mère,
entre au service de Jeanne d'Albret ; Jeanne de Vivonne,
sa sœur, la tante de Brantôme, deviendra par son mariage
madame de Dampierre et aura pour fille la future duchesse

de Retz. Marguerite se plaît d'ailleurs dans son récit à souligner les liens de parenté de Brantôme avec ces grands personnages. Les Bourdeille fourniront aussi leur quota : Madeleine de Bourdeille, la sœur de Brantôme, restera plus de trente ans au service de Catherine de Médicis qui en fera sa légataire ; Jeanne de Bourdeille, la fille du frère aîné de Brantôme, sera elle aussi fille d'honneur de la reine-mère…

Les *Mémoires* de Marguerite, qui débutent en 1559, lorsqu'elle a six ans, s'arrêtent brutalement au début de l'année 1582. Or, il n'y a aucune raison de penser qu'elle ne les aient pas menés au moins jusqu'en l'année 1594, date à laquelle elle commence à les écrire. L'hypothèse qui prévaut est donc que la fin en aurait été perdue, ce qui serait également le cas pour les trois lacunes qui interrompent le récit, la première se situant quelques semaines avant ses noces, la seconde, sans doute très brève, à la fin de la cérémonie de son mariage et la troisième, de près d'un an, qui nous fait passer de la Saint-Barhélemy au départ du Duc d'Anjou pour la Pologne.

Que se passe-t-il pour Marguerite après que nous l'ayons quittée, à l'interruption finale de ses *Mémoires*, au moment où, quittant la cour de Nérac, elle retourne à la cour de France sur l'injonction de sa mère, Catherine de Médicis et de son frère Henri III ?

Ce n'est pas sans appréhension que Marguerite s'apprête à retrouver Paris. Elle sait qu'elle y sera isolée, après sa longue absence, et bientôt elle s'oppose plus que jamais à Henri III, entouré de nouveaux mignons, notamment Joyeuse et Epernon avec lesquels elle entretient les plus mauvais rapports. Néanmoins, elle cherche à convaincre son époux de venir lui aussi à Paris, répondant à cela au désir du roi et de la reine-mère dont le vœux est de pouvoir contrôler les agissements du roi de Navarre.

Malheureusement, elle échoue dans sa mission et devient d'autant plus indésirable aux yeux de Henri III que ce dernier découvre que Marguerite continue d'essayer d'aider le duc d'Alençon dans ses entreprises. Au terme d'une querelle plus terrible que les précédentes, mi-1583, Marguerite est chassée ignomigneusement : Henri III exige qu'elle quitte la cour pour rejoindre son époux. Marguerite se soumet et la mort dans l'âme se dirige vers Nérac mais une lettre de son mari lui fait interrompre son voyage : le béarnais a en effet décidé de tirer parti de l'affront fait à sa femme et exige de la Couronne certaines places fortes, pour réparation. Il affirme ne pas reprendre Marguerite tant que les pourparlers n'auront pas abouti.

Marguerite s'installe alors chez elle, à Agen, pour attendre le dénouement de l'affaire. Un événement de grande importance en hâtera la conclusion : en mars 1584, le duc d'Alençon est mourant. Henri III n'a pas d'enfant ; il sait donc que son successeur naturel est le roi de Navarre et il le reconnaît aussitôt pour tel. Du coup, il accède à ses demandes et Marguerite peut dès lors rejoindre son époux.

À Nérac, l'accueil est loin d'être le même que celui qu'elle a reçu lors de son premier séjour. Au bout de longs mois d'humiliations, alors qu'elle a en vain tenté de détacher Henri de Navarre de sa puissante maîtresse de l'époque, la belle Corisande, et de le ramener vers elle, Marguerite ne trouve d'autres solutions à ses malheurs que d'abandonner son mari, pour la première fois de sa vie, et de rejoindre la Ligue, quitte à s'attirer une fois de plus les foudres du roi de France : il s'agit cette fois d'une trahison envers la Couronne, et, de surcroît, une Couronne au pouvoir affaibli, gouvernant de moins en moins sans partage un pays en proie à la guerre civile jusqu'au moment où, lors de la célèbre Journée des Barricades, Henri III sera contraint de fuir Paris et d'abandonner la capitale aux Guise.

Mais pour l'heure, en mars 1585, c'est Marguerite qui quitte la cour de Nérac. Elle va de nouveau s'installer à Agen qu'elle met en état de défense jusqu'au moment où elle en est chassée, fin septembre, par le maréchal de Matignon à qui Henri III a demandé d'investir la ville. S'enfuyant à cheval, elle se réfugie dans une autre de ses villes, Carlat, que de nouvelles médisances sur son inconduite l'obligent bientôt à quitter. C'est à Ibois que le marquis de Canillac l'arrête en octobre 1586. Henri III ordonne alors qu'elle soit conduite au château d'Usson, austère forteresse médiévale dominant la ville d'Issoire. Elle y restera jusqu'en 1605, soit presque vingt ans. Dans les premiers temps, désespérée, elle craint pour sa vie mais, bientôt, avec l'aide de la Ligue, elle réussit à faire passer Canillac dans son camp : quelques mois après l'avoir fait prisonnière, il lui abandonne Usson. Marguerite organise alors la résistance. Sa belle-sœur, Élisabeth d'Autriche, la veuve de Charles IX, lui offre un appui financier dont elle a bien besoin.

Après l'assassinat par Henri III du duc de Guise et du cardinal de Lorraine fin 1588, la mort de Catherine de Médicis au tout début de l'année 1589 et la mort d'Henri III, lui-même assassiné en août de la même année, la situation se trouve radicalement transformée : deux partis se retrouvent alors en présence, d'un côté Henri de

Navarre, reconnu comme sucesseur à la Couronne par les royalistes, et de l'autre la Ligue qui continue le combat sous la direction du duc de Mayenne. Marguerite choisit de se détourner de la Ligue et reprend contact avec son époux, désormais roi de France sous le nom de Henri IV même si dix années le séparent du moment où il pourra véritablement régner.

En 1593 s'ouvrent les pourparlers qui aboutiront en décembre 1599 à l'annulation de son mariage. Elle obtient du roi, outre le droit de conserver le titre de reine et de duchesse de Valois, la promesse qu'il assurera sa sécurité financière. Certaine à présent qu'elle y recevra un accueil digne d'elle, elle rentre enfin en 1605 à Paris qu'elle ne quittera plus jusqu'à sa mort en 1615. Elle s'installe d'abord au château de Madrid (Boulogne), puis à l'hôtel de Sens, situé rive droite, sur les bords de la Seine, face à l'île Saint-Louis, avant de faire édifier, rive gauche, face au Louvre, un magnifique palais, l'hôtel des Augustins, qu'elle habitera à partir de 1607 et dont il ne subsite plus rien aujourd'hui.

Fidèle à un vœu qu'elle avait fait à Usson, elle fait également construire un couvent et une chapelle jouxtant son hôtel qu'elle confie à l'ordre des Augustins.

Quand elle ne passe pas son temps en dévotion et en actions charitables, Marguerite mène une vie fastueuse, entourée d'une cour d'artistes et de lettrés, au nombre desquels on peut compter Malherbe. Elle continue également à soutenir activement Henri IV, reçoit Marie de Médicis, et surtout fréquente le dauphin, futur Louis XIII, pour qui elle éprouve une réelle affection : elle lui lèguera ses biens en 1607, en en conservant l'usufruit le reste de sa vie.

Après la mort de Henri IV, assassiné en 1610, alors que les luttes pour le pouvoir ont repris de plus belle, elle continue à servir fidèlement la famille royale. Elle meurt le 27 mars 1615, juste avant son soixante-troisième anniversaire, très entourée et ne demandant, pour cérémonie mortuaire, « que les prières des gens de bien ».

Bibliographie

Les Mémoires de la roine Marguerite, éd. Auger de Mauléon, sieur de Granier, Paris, C. Chappellain, 1628. (Cette première édition du texte a été plusieurs fois réimprimée et suivie de nombreuses autres éditions au xviie siècle : 1649, 1658, 1661, 1665, 1666).

Mémoires de Marguerite de Valois, auxquels on a ajouté son éloge, celui de M. de Bussy [par M. de Brantôme], et La fortune de la cour [par P. de Dammartin et C. Sorel], éd. J. Godefroy, Liège, J.-F. Broncart, 1713 et La Haye, A. Moetjens, 1715.

Mémoires... in Collection universelle des mémoires particuliers relatifs à l'histoire de France [collection Roucher], tome LII, Londres, 1780.

Mémoires... in Collection complète des mémoires relatifs à l'histoire de France, éd. M. Petitot, tome XXXVII, Paris, 1823.

Mémoires... in Nouvelle collection des mémoires pour servir à l'histoire de France, éd. MM. Michaud et Poujoulat, tome II, Paris, 1838.

Mémoires et lettres de Marguerite de Valois suivis de La ruelle mal assortie, dialogue d'amour entre Marguerite de Valois et sa bête de somme, éd. François Guessard, Paris, J. Renouard, 1842.

Mémoires de Marguertie de Valois, suivis des Anecdotes inédites de l'histoire de France pendant les xvie et xviie siècles, tirées de la bouche de M. du Vair et autres [et du Mémoire justificatif pour Henri de Bourbon], éd. Ludovic Lalanne, Paris, P. Jannet, 1858.

Mémoires de Marguerite de Valois suivi du Mémoire justificatif pour Henri de Bourbon, roi de Navarre, éd. Charles Caboche, Paris, Charpentier, 1860.

Mémoires de Marguerite de Valois, éd. Paul Bonnefon, Paris, Bossard, 1920.

Mémoires et autres écrits de Marguerite de Valois (La ruelle mal assortie : Mémoire justificatif pour Henri de Bourgon ; Choix de lettres), éd. Yves Cazaux, Paris, Mercure de France "Le Temps retrouvé" XXV, Paris, 1971, 1987.

Table des matières

PETITE BIBLIOTHÈQUE OMBRES

Photocomposition : Petits Papiers, Toulouse.
Cet ouvrage a été achevé d'imprimer
en avril 1994
dans les ateliers de

IMPRIMERIE
FRANCE QUERCY
CAHORS

N° d'éditeur : 95
Dépôt légal : avril 1994